ペトロ文庫

教皇フランシスコ講話集
10

カトリック中央協議会

目次

本書は文庫オリジナルです。

文中、聖書の引用は原則として日本聖書協会『聖書 新共同訳』（二〇〇〇年版）を使用しました。ただし、漢字・仮名の表記は本文に合わせています。他の引用につきましても、用字等、一部変更を加えた箇所があることをお断りいたします。

教皇フランシスコ

教皇フランシスコ講話集　10

カトリック中央協議会事務局　編訳

神の母聖マリア

羊飼いたちは、「マリアとヨセフ、また飼い葉桶《おけ》に寝かせてある乳飲み子を探し当てた」（ルカ2・16）。飼い葉桶は、羊飼いにとって喜びのしるしです。天使から聞いたことの確証であり（同12節参照）、救い主と出会った場所だからです。また、神が彼らのすぐそばにいることのあかしでもあります。神は、飼い葉桶という彼らになじみのあるものの中に生まれ、ご自分が身近で親しいものであることを示しておられます。ですが、飼い葉桶はわたしたちにとっても喜びのしるしです。イエスは、小さく貧しい者としてお生まれになることで、わたしたちの心に触れ、恐れではなく愛を注いでくださいます。飼い葉桶は、わたしたちにとっての食べ物となられることの先取りです。そしてその貧しさは、すべての人にとっての吉報ですが、とくに、隅に追いやられた人、虐げられている人、この世で軽んじられている人にとっての福音です。神はそんな場所においでになったのです。レッドカーペットもなければ、ベビーベッドすらなかったのです。飼い葉桶に寝かされた御子を見つめるすばらしさは、その点にあります。

ですがマリアにとって、神の母にとっては、そうではありませんでした。「飼い葉桶という恥」を耐え忍ばなければならなかったのです。マリアもまた、その子はダビデ王の王座を継ぐ者となることを厳粛に告げる天使のお告げを、羊飼いより早く受けていました。「あなたは身ごもって男の子を産むが、その子をイエスと名づけなさい。その子は偉大な人になり、いと高きかたの子といわれる。神である主は、彼に父ダビデの王座をくださる」（ルカ1・31―32）。そして今、マリアはその子を家畜のえさ箱に寝かせるしかなかったのです。王座と貧相な飼い葉桶の共存などありえるでしょうか。いと高きかたの栄光と馬小屋の見苦しさに、どう折り合いをつけるのでしょうか。神の母が味わった困惑を想像してみてください。母親にとって、子どもが貧しい思いをしているのを見るほどつらいことがあるでしょうか。心が重いはずです。思いも寄らなかったこうした仕打ちを愚痴ったとしても、マリアを責められないはずです。ですがマリアは気丈でした。不平をもらすことなく、じっと黙っています。泣き言をいうのではなく別の選択をします。「マリアはこれらの出来事をすべて心に納めて、思い巡らしていた」（ルカ2・19）と福音は伝えています。

羊飼いや世間の人とは別のなさり方です。彼らは見たことを触れ回ります。真夜中に天使が現れ、御子について話してくれたことばをです。そしてそれを聞いた人々は、あぜんとします（18節参照）。ことばと驚き――。一方のマリアは、考え込んでおられます。心に留め、思い巡らしています。これらは、わたしたち自身にも見られる二つの別様の態度です。羊飼いの語りと驚きは、信仰の始まりの状況を思い起こさせます。そこではすべてが明快で確実です。人は、人生に訪れ、あらゆるものに驚きの雰囲気をもたらしてくださる。神の新鮮さに喜びを感じます。一方マリアの沈思的な態度は、初期にはない、成熟した大人の信仰の表現です。生まれたてとは違う信仰、十分成熟し産声をもたらす側となった信仰のことです。霊的な肥沃には、試練を経て至るのです。ナザレでの平穏、天使から伝えられた勝利の約束、そこから始まり、マリアは今ベツレヘムの暗い馬小屋にいます。しかしそこにこそ、神が世にお与えになるものがあるのです。ほかの人たちは、飼い葉桶という醜聞に落胆していたかもしれませんが、マリアはそうではありませんでした。大事にして、思い巡らしているのです。

神の母のこの姿勢に倣いましょう。大事にして思い巡らす――。わたしたちもまた、一種の「飼い葉桶の醜聞」に耐えなければならないからです。万事うまくいってほしいのですが、想定外の問題が、青天の霹靂《へきれき》のごとく生じるものです。期待と現実のはざまで、つらい軋轢《あつれき》が生じます。信仰においてもそれはあります。福音の喜びが、歩みの中でぶつかる困難によって試されるのです。ですが、神の母は今日、この軋轢から恵みを手にするよう教えています。ゴールにたどり着くには、険しい道が必要だと示してくれます。十字架なしに復活はないのです。産みの苦しみのように、それが、成熟した信仰を養うのです。

兄弟姉妹の皆さん。どのようにこの移行を遂げればいいのか、理想と現実の対立をいかに乗り越えればいいのか。マリアのようにすればよいのです。よく見て、思い巡らすのです。第一にマリアは、大事に抱えておくのであり、追い払いはしません。起きていることを拒否しません。目にしたこと、耳にしたこと、そのすべてを心に留めておられます。天使が告げたような、羊飼いが語ったような、すばらしいこと、そしてまた、結婚前の妊娠によって直面した危機や、お産の場が馬小屋だというやるせない思いのような、受け入れがたいこともです。それがマリアです。えり好みせず、大事に受け止めるのです。現実をあるがままに受け入れ、どうにか別様にしようとはせず、人生を取り繕うことをせず、あるがままに心に納めておられます。

次にもう一つの態度があります。マリアはどのように大事に納めていたのでしょうか。思い巡らしながら納めておられました。福音書が用いる動詞は、物事がよられ、編まれていることを示唆します。マリアはさまざまな経験に照らして、それらを結びつける隠された糸を見つけだします。心の内で、祈りの中で、マリアはその見事な作業をなさいます。美しいことと醜いことを接ぎ、ばらばらにしておくのではなく、一つに結び合わせるのです。だからマリアはカトリックの母なのです。こじつけに聞こえるかもしれませんが、結び合わせて、断ち切ることはなさらないのだから、マリアはカトリック教徒といえるでしょう。ともかくそうしてマリアは全貌を、神が見ておられるものを、つかみ取るのです。母の心で、いと高きかたが、みじめさを経て栄光に入ることを理解なさいます。神が飼い葉桶に横たわらなければならなかった、救いの計画を受け入れておられます。マリアは、か弱く、おびえた、神である幼子を見つめ、偉大さと小ささが神の手で見事に編まれているのを歓迎しておられます。このようにマリアは、大事に納め、思い巡らすのです。

　こうした包み込むまなざしは、心に納め思い巡らすことで軋轢をも乗り越え、軋轢の中でも分かつことをせず、心に大事に留めることでいのちをはぐくむ、母ならではのまなざしです。それは、多くの母が、わが子の置かれた状況を受け止めるときのまなざしです。気持ちを強くもち、問題を前に硬直しているのではなく、より広い視野で捉える、現実的なまなざしです。マリアは、カルワリオに至るまでずっとそのようにして歩まれます。思い巡らしつつ心に納め、心に納めては思い巡らすのです。子どもが病気になったり、つらい目にあっているときに、付き添う母親の顔が浮かびます。その瞳がたたえているのはどれだけ深い愛か。涙しながらも、希望を奮い立たせることのできる瞳です。取り乱すことなく、苦しみや悩みの先へと向かう、広い視野をもった冷静なまなざし、希望を取り戻せるケアのまなざし、愛のまなざしです。世の母親がしていることです。母は、軋轢や衝突を乗り越え、落ち着きを取り戻すことを知っています。だから母は、逆境を生まれ変わるチャンスに、成長のチャンスに変えることができるのです。それができるのは、母は大切に心に納めることができるからです。母は、大事に守るすべを心得ています。大事に守ることを知っていて、人生の糸をすべて一つにまとめることができるのです。わたしたちには、あまりにも多い分断の有刺鉄線に対抗し、交わりの糸を織ることのできる人が必要です。母親にはそれができるのです。

　神の母のしるし、聖母のしるしのもとで、新年が明けました。母のまなざしは、生まれ変わり、成長するための道です。母たちは、女性たちは、世界を搾取の対象としてではなく、いのちが宿るものとして見つめます。心で見ることで、味気ない実用主義や抽象論からくるものを避け、彼女たちは夢と現実とを一緒に保持できます。そして教会は母、そのような母です。教会は女性、そうした女性です。だからこそ、女性

―母のそうした心で捉えるのでなければ、教会内に女性の場所は得られないのです。そこが教会における女性の場所であり、重要な場所であり、その場所から、ほかのもっと具体的で副次的な場が生じてくるのです。そうなのです。教会は母です。教会は女性です。母は子を産み女性は世界を守るのですから、全員で懸命に、母と女性を守らなければなりません。女性への暴力がどれほどあることか。もう、うんざりです。女性を傷つけることは神への冒瀆です。神は女性によって人間性を帯びたのです。天使によってでも、直接そうなったのでもなく、女性によってなのです。女性同様、女性である教会は、その子らの人間性を帯びているのです。

　年始にあたり、このわたしたちの母である神の聖母の保護のもとに身を置きましょう。主は誠実であられること、十字架を復活に変えてくださるかたであることを、喜びをもって固く信じ、試練を恐れず、一つ一つの出来事を大切に心に納め、思い巡らすことができるよう、わたしたちを支えてくださいますように。エフェソ公会議で神の民がそうしたように、今日、わたしたちもこのかたに祈り求めましょう。お立ちください。聖母をご覧になって、エフェソでの神の民のように、神の母という称号を三度繰り返しましょう。さあご一緒に「神の母、神の母、神の母」。アーメン。

一月一日（土）午前十時より、サンピエトロ大聖堂でささげた、神の母聖マリアの祭日のミサでの説教。

主の奉献の祝日

シメオンとアンナという二人の老人は、神がその民と結んだ約束、すなわちメシアの到来の実現を神殿で待っていました。ですが二人の待つ姿勢は、受け身ではなく躍動的です。それではシメオンの動きを見てみましょう。彼はまず聖霊に導かれ、次に幼子イエスにおいて救いを見、最後にイエスを抱きかかえます（ルカ2・26―28参照）。この三つの動きについて簡単に考察し、わたしたちにとって、なかでも奉献生活にとって大切ないくつかの問いについて考えてみましょう。

一つ目です。わたしたちは何に動かされているのでしょうか。シメオンは「霊に導かれて」（27節）、神殿に入っていきます。この場面では聖霊が主役です。シメオンの心に、神を焦がれる思いを燃え立たせるのは聖霊です。シメオンの魂に、待ち望む心を取り戻すのは聖霊です。神殿へと歩を進めさせ、一目見て、小さくて貧しい赤ん坊の姿でもメシアなのだと気づかせるのは聖霊です。聖霊はこのように働いておられます。大規模なもの、きらびやかな外観、力の誇示にではなく、小さいものの中に、そして弱さの中に、神の現存とそのわざを見られるようにしてくださるのが聖霊です。十字架を考えてみてください。そこにもまた、小ささと弱さがあり、劇的なものまであります。しかし、そこには神の力があります。「霊に導かれる」ということばは、霊性の分野で「霊の促し」と呼ばれるものを思い起こさせます。それは、内的に感じ取る魂の動きであり、それが聖霊からのものか、別のものからなのかを識別すべく、耳を傾けるよう求められています。聖霊の内的な促しに注意深くなければなりません。

　ですから、胸に聞いてみましょう。自分はおもにだれから導かれようとしているのか。聖霊なのか。それともこの世の霊なのか。これはすべての人が、とりわけ奉献生活者が、自分に照らして考えるべき問いです。聖霊は、赤ん坊の小ささや弱さの中におられる神に気づかせてくださるのに、わたしたちは自分の奉献を、結果だとか、ゴールだとか、成功だとか、そうした観点で見てしまうことがあります。地位や知名度、数に心動かされてしまうのです。これは誘惑です。一方、聖霊はそのようなことをいっさい求めません。聖霊はわたしたちに、日々の忠実さを培い、託されている小さなことがらに素直であるよう望んでおられます。シメオンとアンナの忠実さは、なんと感動的でしょう。毎日神殿に通い、時が過ぎるだけで何も起こらないように見える中でも、日々待ち続け、祈り続けているのです。生涯をかけて待ち続け、くじけず、不平もいわず、一日一日を忠実に生き、聖霊が心にともした希望の光を燃やし続けているのです。

兄弟姉妹の皆さん。何が自分の日々を動かしているのか、省みてください。いかなる愛が、わたしたちを突き動かしているのでしょうか。聖霊でしょうか、あるいはその時々の情熱、つまり何か別のものでしょうか。教会で、社会の中で、自分はいかに動いているでしょうか。善意のわざに見えるものでも、その背後に自己陶酔の衝動や目立ちたいという願望が隠れていることもあります。また、さまざまなことを遂行してはいても、宗教的なわたしたちの共同体が、聖霊に従順な熱意によってではなく、ただするだけ、習慣に従っているだけの、機械的な反復で動かされているようなこともあります。今日、わたしたち皆が、自分の心のエンジンとなっているものを見定め、霊的な動きを識別してみたらいいと思います。奉献生活の刷新は、何よりもまずそこに始まるからです。

二つ目の問いです。わたしたちの目は何を見ているのでしょうか。シメオンは聖霊に促され、キリストを見て、キリストであることを認めます。そして、こういって祈ります。「わたしはこの目であなたの救いを見た」（30節）。これは信仰の大いなる奇跡です。信仰が目を開かせ、視点を変え、見方を変えるのです。福音書にあるイエスとの出会いの数々から分かるように、信仰は、神がわたしたちに注ぐあわれみ深いまなざしから生まれるもので、わたしたちの硬い心を溶かし、傷をいやし、自分と世界を見つめる新しい目を与えてくれます。自分自身を、他者を、そして自分が置かれている状況すべてを、ひどく過酷なものであっても、それらを見つめる新たな視点です。うぶなまなざしではなく、知恵ある目です。うぶなまなざしは、現実を避け、問題を見ようとしません。大事なのは、「内側を見る」ことができる目、「さらに先を見る」ことができる目です。見かけに惑わされず、わたしたちの弱さや失敗という裂け目をのぞき込んで、神の存在を見いだすことのできるまなざしです。

年老いたシメオンの目は、年齢のせいで衰えていたとはいえ、主を見ることができました。救い主を見つけたのです。わたしたちはどうでしょうか。それぞれ胸に聞いてみてください。自分の目は何を見ているのか。奉献生活にどのようなビジョンをもっているのか。世間はしばしば奉献生活を〈無駄〉とみなします。「なんてこと。あの立派な青年が修道士になるなんて……」。「あんなにすばらしい女性が修道女になるなんて、なんともったいない……。せめて、どうしようもない人だったらまだいいのに……。ああ残念、立派な人なのにもったいない」。そんなふうに考えます。世間は修道生活を、過去のもの、無駄なものと見ています。ですが、わたしたちキリスト教共同体、キリスト者は、何を見ているでしょうか。わたしたちの目は後ろを向いて、もうここにはないものを懐かしんでいるのでしょうか。それとも、内と外とに向ける、信仰の慧眼《けいがん》をもてているでしょうか。聖霊のたまものである、見ることの知恵を得ることです。よく見ること、全体像をよく見定めること、現実を把握することです。年配の奉献生活者が目を輝かせて、笑顔を絶やさず、若い人たちに希望を与えているのを見ると、大いに励まされます。そのような人にお目にかかったときのことを思い浮かべ、神を賛美しましょう。それは、未来へと向かう希望の姿です。そして、この数日の間に、修道会の高齢になった兄弟姉妹を訪ね、面会して、話し、尋ね、彼らの考えを聞かせてもらうと、よいのではないでしょうか。それはすばらしい慰めになると思うのです。

　兄弟姉妹の皆さん。主は、奉献生活の新しい見方を培うよう呼びかけるしるしを、与え続けておられます。ただしそれは、光のもとで、聖霊の促しのもとで、培われなければなりません。そのようなしるしを見て見ぬふりをし、何ごともなかったかのように振る舞い、いつもどおりを続け、惰性で過去のやり方を踏襲し、変化を恐れて身動きがとれずにいるわけにはいかないのです。何度も何度も申し上げてきました。現代には、過去への回帰という誘惑があります。安全のため、恐怖心のため、信仰を守るため、創立者のカリスマを守るため……。それは誘惑です。後退して、硬直状態で「伝統」を守ろうという誘惑です。いいですか、よく頭にたたき込んでください。硬直は退廃です。あらゆる硬直の根底には深刻な問題が潜んでいます。シメオンもアンナも硬直してはいませんでした。自由で、祝うことの喜びにあふれていました。シメオンは主を賛美し、母に向かって力強く預言します。アンナは、優しいおばあさんのように、ほうぼうに「見てごらん、見てごらん」と声をかけて回ります。二人は喜びをもって告げ知らせ、その目は希望に満ちていました。過去からの惰性はなく、硬直はありません。わたしたちも目を開きましょう。危機にあっても――そうです、確かに危機なのです――、人数の減少という危機があって、「神父様、召命がありません。これからは、だれかいないかと地の果てにまで行くことになりそうです」と。勢いが弱まっても、聖霊はわたしたちが生活と共同体を新たにするよう招いています。では、どのようにそれをするのでしょうか。聖霊が道を示してくれるでしょう。勇気をもって恐れずに、心を開いていればいいのです。心を開いておくのです。シメオンとアンナを見てください。齢《よわい》を重ねてはいますが、二度と戻らない過去に執心して日々を過ごすのではなく、目の前に広がる未来を両手を広げて受け入れています。兄弟姉妹の皆さん、過去に執心したり、訪れることのない明日を夢見たりして、今日という日を費やしてはなりません。賛美をもって主の前に身を置き、よいものを見ることのできる目、神のなさり方に気づける目を求めましょう。主は、わたしたちが願うならば、それを与えてくださるでしょう。喜びをもって、強い心で、恐れずに。

最後に、三つ目の問いです。自分の腕に何を抱いているでしょうか。シメオンはその腕にイエスを抱いています（28節参照）。やわらかな雰囲気の意味深い場面で、福音書の中では珍しいものです。神は独り子をわたしたちの腕に預けてくださいます。イエスを迎え入れるのは不可欠なこと、信仰の中心だからです。時にわたしたちには、方向性を見失い、ありとあらゆることに気を散らし、副次的なものに執着したり、用事に没頭したりする危険性がありますが、すべての中心はキリストであり、人生における主なるそのかたを抱いていなければならないのです。

シメオンはイエスを腕に抱いたとき、その口は祝福と賛美と驚きの声を発しました。ところで、長年奉献生活を続けてきたわたしたちは、驚く力を失ってはいないでしょうか。それとも、その能力はまだ残っていますか。それを確認してみてください。もしもないようなら、驚くことができる恵みを求めましょう。神がわたしたちのうちで働いておられる不思議に対する驚きを、神殿でシメオンとアンナがイエスに出会ったときのようなひそかな驚きを願い求めましょう。奉献生活者から、神や他者を賛美することばが消え、喜びが失せ、熱意が失せ、兄弟愛の生き方が負担でしかなく、驚きが欠けているなら、それはだれかや何かのせいではありません。わたしたちが腕にイエスを抱かなくなっていることが本当の理由です。奉献生活者の腕にイエスが抱かれていなければ、その腕は空で、他のものでそれを埋めようとしますが、空は空のままなのです。腕にイエスを抱くこと、これがしるしであり、道であり、刷新のための処方箋です。イエスを抱いていないと、心は苦々しくなってしまいます。苦虫をかんだような奉献生活者を見るのは悲しいものです。いつだってうまくいかないことに不満を漏らし、頑固にさせる硬直性に、優越感に浸ろうとする態度に終始してしまうのです。そのような奉献生活者はいつも何かに不満を抱いています。上長に、兄弟たち姉妹たちに、共同体に、食べ物に……、不満がないと、死んでしまうかのようです。ですがわたしたちは崇敬をもってイエスを抱き、よいものを見つけ、神のなさり方を見分けることができる目を求めなければなりません。わたしたちが両手を広げてキリストを受け入れているなら、信頼と謙遜をもって他者をも受け入れることができるでしょう。そうすれば、対立は深まらず、隔たりは決定的にならず、いじめたり、兄弟姉妹の尊厳を傷つけたくなる衝動は消えていきます。ですから両手を広げましょう。キリストに向けて、わたしたちの兄弟姉妹に向けて。そこにイエスを抱くのです。

親愛なる友人の皆さん。今日、熱い心をもってわたしたちの奉献の誓いを新たにしましょう。わたしたちの心と行動を動かす原動力は何か、わたしたちが培うべき新たな見方はどんなものか、胸に問うてみてください。そして何よりも、イエスを腕に抱いてください。疲労や倦怠を覚えることがあったとしても――あります、あります――、がっかりすることがあっても――あることです――、シメオンとアンナのようでいましょう。忠実であられる主を辛抱強く待ち続け、出会いの喜びを奪われずにいることです。出会いの喜びに向かって進みましょう。それはとても美しいことです。中心に主を取り戻し、喜びをもって前進しようではありませんか。そのようになりますように。

第二十六回世界奉献生活の日にあたる二月二日（水）午後五時半より、サンピエトロ大聖堂でささげた、奉献生活者のためのミサでの説教。

二〇二五年の聖年に向けて

教皇庁新福音化推進評議会
議長　サルバトーレ・フィジケッラ大司教様

聖年は、教会生活においてつねに、霊的、教会的、社会的に重要な行事です。ボニファツィオ八世が一三〇〇年に最初の聖年を制定（百年周期、のちに聖書に合わせて五十年周期に変更され、さらに二十五年ごとに固定）して以来、神の忠実な聖なる民は、この祝祭を、罪のゆるしを、とくに神のいつくしみを存分に表した免償を特徴とする、特別な恵みのたまものとして過ごしてきました。多くの信者は、巡礼の長旅を経て、聖なる扉をくぐり、ローマの大聖堂に保存されている使徒ペトロとパウロの聖遺物への崇敬を示して、教会の霊的宝に触れます。何百年もの間、無数の巡礼者がそうした聖なる場所を訪れ、変わらぬ信仰の生きたあかしとなってきました。

二〇〇〇年の大聖年をもって、教会はその歴史の第三の千年期に入りました。聖ヨハネ・パウロ二世は、すべてのキリスト者が、歴史的分裂をも乗り越えて、人類の救い主であるイエス・キリストの生誕二千年をともに祝うことを望み、その聖年を心待ちにしておられました。さて、二十一世紀の最初の二十五年目が近づいてきましたから、わたしたちは、キリストの民がこの聖年をその司牧的意義の全面をもって味わえるよう、準備を始めなければなりません。その意味で、いつくしみの特別聖年は重要なステップでした。この聖年によってわたしたちは、御父のあわれみ深い愛の力と優しさのすべてをあらためて心に留め、その愛の証人となることができました。

しかしこの二年間、あらゆる国が突然のパンデミックによってかき乱され、それどころか隔離中に亡くなるという悲劇や、人生の不確かさやはかなさを見せつけられたことで、わたしたちの生き方は変えられました。キリスト者としてわたしたちは、すべての兄弟姉妹とともに、同じ苦しみや限界を味わってきました。学校、工場、オフィス、店舗、娯楽施設と同様に、わたしたちの教会も閉鎖されました。皆、何らかの自由の制約を受け、パンデミックは苦しみだけでなく、疑心暗鬼や不安や困惑を引き起こすこともありました。学者たちはいち早く最初の治療法を発見し、徐々に日常生活に戻れるようにしてくれました。わたしたちはこの感染症が克服され、世界は人間関係と社会生活のリズムを取り戻すと確信しています。実効性のある連帯をもって行動することで、もっとも困窮している集団が放置されることがなくなり、科学的発見と必要な医薬品とがすべての人の間で共有できるようになれば、それはもっと容易にかなうことでしょう。

わたしたちに与えられている希望のともし火を絶やさずに、すべての人が、開かれた考え、信頼する心、見通すための知識をもって、未来を見る力と自信とを取り戻せるよう全力を尽くさなければなりません。来る聖年は、わたしたち皆が至急の必要を覚える新たな再生のしるしとして、希望と自信に満ちた雰囲気を再構築するため、大いに助けとなるでしょう。こうした理由から、テーマには「希望の巡礼者」を選びました。わたしたちがすべての人への友愛意識を取り戻すことができるなら、そして膨大な数の人が、若者も子どもも、人間らしい尊厳を奪われた暮らしを強いられている、貧困の蔓延という悲劇に目をつむらずにいるなら、どれも実現できるはずです。真っ先に心に浮かぶのは、自分の土地を離れざるをえない多くの難民のことです。聖年の準備にあたるこの期間、貧しい人の声が聞き届けられますように。聖書の命令によれば聖年は、すべての人が大地の実りを得る手段を回復させるものです。「安息の年に畑に生じたものはあなたたちの食物となる。あなたをはじめ、あなたの男女の奴隷、雇い人やあなたのもとに宿っている滞在者、さらにはあなたの家畜や野生の動物のために、地の産物はすべて食物となる」（レビ25・6―7）。

ですから回心への招きである聖年の霊的な部分は、社会生活の根幹をなすそうした部分と結びつけることで、一貫性を保たなければなりません。わたしたちは皆、そこを耕し世話するために主によって置かれた地（創世記2・15参照）を旅する者であるとの自覚があるのですから、その道中で、被造界の美をじっくりと見て味わい、わたしたちの共通の家を世話することを怠ってはなりません。来る聖年も、その心づもりで祝い、過ごしてほしいと願っています。まさに、ますます多くの人が、若者や小さな子どもに至るまで、被造界へのケアは、神への信仰とみ旨への従順を表す本質的なものであることを理解しています。

親愛なる兄弟である大司教様に、聖年が、熱心な信仰、生きた希望、実践的な愛をもって準備され祝われるよう、わたしはしかるべき体制を整える責務を付託いたします。新しい福音化の推進にあたる部署は、この恵みの機を、ここ数年はシノドスに集中して取り組むよう求められている部分教会――ラテン典礼も東方典礼も――の司牧にとって、重要な行程とすることができるはずです。そのように考えれば、聖年に向かう歩みは、多様性が調和する中で一致する、なおいっそう優れたそのしるしと道具になるため、教会が進むよう求められているともに歩む道を強固にし、示すことになるでしょう。唯一の教会を築くために、聖霊がたえず与えてくださるさまざまなカリスマと役務を生かしつつ、責任ある参加を全世界に呼びかける必要をあらためて確認する支援が重要となるでしょう。第二バチカン公会議の四つの憲章は、この数十年間の教導職の教えと並び、神の聖なる民に方向を示し、導き続けています。それは、すべての人に喜びをもって福音を告げる使命を果たし続けるためです。

慣例に従って後日公布される大勅書には、二〇二五年の聖年を祝うために必要な情報が記されます。この準備期間に、聖年の前年の二〇二四年を、祈りの壮大な「交響曲」にできるかと思うと、早くもうれしいかぎりです。まずは、主の前に立ちたい、主の声を聴きたい、主をたたえたいという願いを取り戻すための祈り。そして、わたしたちへの神の愛というたくさんの恵みに感謝し、創造のみわざ――すべての人は、その保全のために、それを尊び、具体的かつ責任ある行動を取ることが求められています――をたたえるための祈り。連帯と、日々の糧を分かち合うことにつながる、「心も思いも一つにした」（使徒言行録4・32参照）声としての祈り。この世の一人ひとりが唯一の神に立ち帰り、心の奥底に秘めたものを神に伝えられるようにするための祈り。聖性への王道である、行動しながらも観想を生きるよう導く祈り。言い換えれば、豊かな恵みを受け取るために心を開き、イエスが教えてくださった「主の祈り」

を弟子たち一人ひとりの人生の要綱とするための、祈りの集中年とするのです。
聖年の恵みの時に向け、準備の道を進める教会とともに歩んでくださるよう、おとめマリアに願いつつ、感謝をもって、大司教様と、協力してくださるかたがたに祝福を送ります。

二〇二二年二月十一日　ルルドの聖母の記念日
ローマ、サン・ジョヴァンニ・イン・ラテラノ大聖堂にて

フランシスコ

神のお告げ

今日の祭日の福音では、天使ガブリエルが三度マリアにことばをかけています。マリアへのことばの一つ目はあいさつで、こうです。「おめでとう、恵まれたかた。主があなたとともにおられる」（ルカ1・28）。喜びのきっかけ、喜びの理由は、このたった一言に表れています。主があなたとともにおられる――。兄弟姉妹の皆さん。今日聞いたこのことばは、あなたのために、わたしたち一人ひとりにかけられているものです。ゆるしを求めて神のもとに向かうたびに、この一言はあなたのものとなります。そのたびに主は、あなたに語っておられるからです。わたしがあなたとともにいる――。告解とは、頭をしな垂れて神のもとへ行くことだと思いがちです。ですが、わたしたちが主のもとに立ち帰る、ということではないのです。主のほうが、わたしたちのもとに来てくださり、恵みで満たしてくださり、ご自分の喜びでわたしたちを元気にしてくださるために、向かって来られるのです。告解は、再び立ち上がる喜びを主にささげることです。わたしたちの生きるところにはわたしたちの過ちが付きものですが、そこが中心ではありません。中心は、主のゆるしです。この秘跡の中心がわたしたちの罪だとしたらどうでしょうか。ほぼすべてはわたしたち次第で、わたしたちの後悔の度合い、努力の度合い、熱意の度合いに左右されてしまいます。ですがそうではありません。中心は主、わたしたちを解放し、再び立ち上がれるようにしてくださるかたです。

今一度、恵みが第一であることを理解し、主との和解とは、わたしたちが主のもとに向かうことではなく、わたしたちを包んでくださり、わたしたちを圧倒し、心震わせてくださる主の抱擁のことだと、悟るたまものを願いましょう。ナザレのマリアに対してそうであったように、主はわたしたちの家に入られ、それまで経験したことのない驚きと喜びをもたらしてくださるかたです。ゆるしの喜びです。神から見た景色を思い浮かべてみてください。そうすれば、告白の秘跡に、もっと親しめるようになるでしょう。告解は必要です。内的な再生、霊的な刷新は、すべてここから、神のゆるしから始まるからです。和解の秘跡をないがしろにしてはいけません。これが喜びの秘跡であることを、今一度かみしめてください。そうです。喜びの秘跡です。わたしたちを恥じ入らせる悪事が、御父の温かな抱擁に包まれ、わたしたちをいやしてくださるイエスの甘美な力に、聖霊の「母なる優しさ」に包まれる機会となるのです。

これが告白の秘跡の核心です。

ですから親愛なる兄弟姉妹の皆さん、行ってゆるしていただきましょう。そして兄弟たち、神のゆるしの役務者である司祭の皆さん、あなたがたに近づく人々に、このメッセージの喜びを伝える者となってください。おめでとう、主があなたとともにおられる――。堅苦しさはいけません、高いハードルはいけません、居心地が悪いのもいけません。あわれみへの扉は開いています。告解においてこそ、自分の羊を腕に抱き、優しくなでるよい羊飼いとなるよう求められています。わたしたちは、御父のあわれみの生きた水を乾いた心に注ぐ、恵みの水脈とならなければなりません。こうした姿勢でいない司祭は、こうした心構えがない司祭は、告解にかかわるのは控えたほうがよいでしょう。

天使のマリアへの二つ目の話しかけについて見てみましょう。あいさつに困惑するマリアにこういいます。「恐れることはない」（30節）。一つ目が「主はあなたとともにいる」で、二つ目が「恐れてはならない」。聖書では、神がご自分を受け入れる者に姿を現すときは、好んでこのことばを口になさいます。「恐れるな」。神はこのことばをアブラハムにいい（創世記15・1参照）、イサク（同26・24参照）、ヤコブ（同43・3参照）のほか、ヨセフ（マタイ1・20参照）、そしてマリアに至るまで何度も繰り返します。

恐れるな、恐れてはならない――。このように神は、明白でなぐさめに満ちたメッセージを届けてくださいます。ひとたび人生が神に向かって開かれたなら、恐怖はもはやわたしたちを幽閉することはできません。恐怖は、わたしたちを幽閉しているのです。兄弟姉妹であるあなたに申し上げます。あなたが自分の罪に脅かされても、過去におびえても、傷がいえずに残っていても、つまずき続けて希望が見えなくなっても、恐れないでください。神はあなたの弱さをご存じで、あなたの過ちよりもずっと大きな力あるかたです。神はわたしたちの過ちよりも強い力をもつかたです。ずっとずっと強いかたです。神があなたに求めることは、ただ一つです。自分の弱さを、みじめさを、奥底に押し込めていてはなりません。それを神のもとに届け、み手にゆだねるのです。そうすれば苦しみの原因が、復活のきっかけとなるのです。恐れるな――。主はわたしたちに、自分の過ちを差し出すよう求めておられます。荒れ野の修道士の話が思い出されます。神のためにすべて、いっさいを差し出し、断食と、悔い改めと、祈りの生活を送っている修道士です。主は彼に、もっと差し出すよう求めます。「主よ、わたしはすべてをあなたにささげました」と修道士はこたえます。「ほかに何があるのでしょうか」。「あなたの過ちをもってきなさい」。主はわたしたちに、これを求めておられます。恐れてはなりません。

わたしたちにはおとめマリアが寄り添ってくださいます。マリアこそ、自分の不安を神に投げたかたです。天使のお告げは、マリアが恐れるに十分なものでした。天使が告げたのは、マリアにはどうすることもできない、独りではとても手に負えない、想像を絶することでした。モーセの律法との兼ね合い、ヨセフとのこと、地元の人たち、自民族とのこと、あまりにたくさんの困難が生じるのは目に見えています。どれもこれも、とても厄介です。なのに、恐れるな――。

それでもマリアは異議を挟みません。恐れるな――、このことばで十分、神に安心させていただくだけで十分だったのです。マリアは神にすがります。それは今宵《こよい》、わたしたちがとるべき姿勢です。わたしたちは逆のことばかりをしています。自信のあるところから始めて、自信がなくなれば神に頼ります。ところが聖母は、神から始めるよう、そうするなら他のすべては与えられるとの信頼をもって神から始めるよう教えておられます（マタイ6・33参照）。マリアは源へと、主のもとへと向かうよう招いておられます。主は、わたしたちの陥っている恐れや過ちに効く、究極の薬です。ここバチカンの告解室の頭上に、このことを思い出させるすてきなことばが書かれています。神に向けた、次のことばです。「あなたに背くことは転落すること、あなたに向かうことは立ち上がること、あなたのうちに留まることは、不変の支えをもつことである」（聖アウグスティヌス『ソリロキア（独白）』I・3〔清水正照訳、『アウグスティヌス著作集1』教文館、一九七九年、三三二頁〕）。

　このところ、無力なウクライナの多くの兄弟姉妹の家が爆撃され、わたしたちの家には次々と、死者のニュースや映像が飛び込んできます。多くのものをなぎ倒し、すべての人を苦しめているむごい戦争によって、だれもが不安と恐怖に陥っています。わたしたちは、なすすべのない、ふがいなさを感じています。「恐れるな」を聞かされなければなりません。ですが人間からの安心させることばでは足りません。神の存在が必要とされています。神のゆるしという確信、悪を吹き消し、恨みを消し去り、心に平安を取り戻してくださる唯一のかたが必要です。神のもとへと立ち帰りましょう。神のゆるしに立ち帰りましょう。

　天使の三つ目のことばに移ります。今度は聖母に「聖霊があなたに降《くだ》る」（ルカ1・35）と伝えます。「主があなたとともにいる」、「恐れるな」、そして三つ目は「聖霊があなたに降る」です。これこそが、神が歴史に働きかけるなさり方です。ご自分の、ご自身である聖霊を送るのです。大事なことにおいては、わたしたちの力だけでは十分ではないからです。わたしたちは、人生や心のもつれを自分だけで解くことはできません。わたしたちには神の知恵ある柔和な力が、すなわち聖霊が必要です。憎しみをかき消し、恨みをなだめ、貪欲を消し去り、無関心から呼び覚ましてくださる、愛である聖霊が必要です。わたしたちに調和をもたらしてくださるその霊であるかたは、ご自身が調和であるからです。わたしたちの愛はもろく不十分なので、わたしたちには神の愛が必要です。わたしたちは主に多くを求めるものの、いちばん大事なもの、主がわたしたちに与えたいと思っておられるものを求めることを忘れがちです。聖霊、つまり愛の力です。事実、愛なしに、わたしたちは世に何を差し出せるでしょうか。愛のないキリスト者は、縫えない針に等しいといった人がいます。刺すことも傷つけることもあるのに、縫うこと、編むこと、はぎ合わせることができないなら、意味がありません。はっきり申し上げます。それはキリスト者ではありません。ですから、神のゆるしを得て、そこから愛の力をくみ上げなければならないのです。マリアの上に降《くだ》ったのと同じ聖霊をいただかなければならないのです。

世界の変化を望むなら、まず、わたしたちの心を変えなければならないからです。そのために今日は、聖母に手を引いていただきましょう。このかたの無原罪の心を見つめてください。神が宿られた心を、いっさい汚れのない唯一の被造物である人間の心を。マリアは「恵まれたかた」（28節）、それゆえ罪とは無縁です。マリアには悪の痕跡はなく、それゆえ神は、マリアによって救いと平和の新たな歴史を始めることができたのです。歴史の転換点です。神はマリアの心の扉をたたいて、歴史を変えたのです。

今日、ゆるしによって新たにされたわたしたちも、マリアの心の戸をたたきましょう。世界中の司教と信者と心を合わせ、わたしたちの今のすべてを、厳かに、マリアの無原罪のみ心に届けたいと思います。今一度、教会と全人類のマリアへの奉献を新たにするため、また、特別にウクライナの民とロシアの民をマリアにささげるためです。彼らは皆、マリアを母として慕いあがめています。奉献は魔術ではありません。そういうものとは違います。これは、霊性から促される行為です。マリアの子らの全幅の信頼を示すもので、世界を脅かすこの残虐な戦争、この愚かな戦争の苦難の中で、その子らは母なるかたにすがるのです。怖くなってお母さんのもとに駆け寄り、泣きながら助けてと訴える、小さな子どものようにです。聖母にすがり、その胸に恐怖と苦しみを吐き出し、思いの丈《たけ》をぶつけましょう。それは、神が映る、マリアの澄んだ一点の汚れもない心に、兄弟愛と平和という大事な宝を、わたしたちのもっているものすべてを、わたしたちそのものを預けることです。マリアは主が、わたしたちを大事に守るためにと与えてくださった母なるかたですから。

マリアの口から発せられたこのうえなく美しいことばを、天使は神のもとに持ち帰ることができました。「おことばどおり、この身になりますように」（38節）。聖母の返事は、受け身でしぶしぶ引き受けたというものではありません。むしろ、「平和の計画であって、災いの計画ではない」（エレミヤ29・11）ものをもっておられる神に従いたいという、強い意欲の表れです。世界の平和という神の計画に、もっとも緊密に加わっておられます。わたしたちが自分をマリアに奉献するのは、その計画に加わるため、神の計画に完全に身をゆだねるためにです。神の母は「はい」と答えると、身重になったいとこを訪ねに、山間部の勾配《こうばい》の多い遠方への旅に出ました（ルカ1・39参照）。急ぎ行きました。わたしは急ぐマリアを思うのが好きです。わたしたちを助けるため、わたしたちを守るために、急ぐマリア、いつだってそうです。今日、わたしたちの道を、手を取って導いていただきましょう。兄弟愛と対話の、険しく困難な道を導いてください。平和の道へと導いてください。

神のお告げの祭日である三月二十五日（金）午後五時より、サンピエトロ大聖堂で司式した共同回心式での説教。式の終わりに、ウクライナとロシアをマリアの汚れなきみ心に奉献する儀式を執り行った。

受難の主日

カルワリオ（されこうべ）の丘で、二つの考え方が衝突しています。福音書では、十字架につけられたイエスのことばと、イエスを十字架につけた者たちのことばが対比されています。後者は、「自分を救ってみろ」とのフレーズを繰り返しています。民の指導者たちはいいます。「もし神からのメシアで、選ばれた者なら、自分を救うがよい」（ルカ23・35）。兵士たちもこういいます。「お前がユダヤ人の王なら、自分を救ってみろ」（37節）。そして最後には、それを聞いていた罪人の一人も同調していいます。「お前はメシアではないか。自分自身……を救ってみろ」（39節）。自分を救え、自分を大事にしろ、自分の面倒を見ろ。ほかの人のことはいいから、自分の安全、自分の成功、自分の利益、所有物、権力、イメージを大事にしたらいい、といっているのです。自分を救うがよい、――主を十字架につけた人類の常套句です。これについて考えてみましょう。

自己を中心とする考え方と神の考え方とは正反対です。「自分を救うがよい」は、ご自分を差し出す救い主とは対立するものです。今日の福音箇所では、イエスもまた、ご自分の敵対者たちと同じく三度語ります（34、43、46節参照）。しかしいずれも、ご自分のために何かを主張することはなく、弁明も正当化もありません。御父に祈りをささげ、よい盗人にあわれみをかけるのです。「自分を救うがよい」との違いが際立つのは、これです。「父よ、彼らをおゆるしください」（34節）。

これらのことばを味わいましょう。主はいつ、これを口にするのでしょうか。十字架上で、手首と足に突き刺さった釘《くぎ》を感じている、まさにその時です。刺し込まれた釘による、耐えがたい痛みを想像してみてください。受難における肉体的苦痛の頂点にあって、キリストはご自分を刺し貫く者たちのためにゆるしを請うのです。わたしたちであれば、怒りと苦しみを声を限りに叫んでいるでしょう。ですがイエスはこういわれます。父よ、彼らをおゆるしください。聖書が伝える他の殉教者とは異なり（二マカバイ7・18―19参照）、イエスは処刑人を非難せず、神の罰があると脅したりはせず、かえって悪人たちのために祈るのです。屈辱の処刑台にはりつけられると贈与（dono）の度合いは増し、ゆるし（per-dono：「完全に」を意味する接頭語per＋「贈与」dono）にまで至るのです。

兄弟姉妹の皆さん。神はわたしたちに対しても同じことをしてくださいます。そのことを考えてみてください。わたしたちが行いによって神を苦しめているとき、神は苦しみながら、たった一つの願いを抱いておられます。わたしたちがゆるされるように、と。それに気づくよう、十字架像を見つめましょう。そのいくつもの傷口から、わたしたちの罪という釘が貫いた穴から、ゆるしがわき出すのです。十字架上のイエスを見つめてください。父よ、彼らをおゆるしください。――これ以上に幸いなことばをかけてもらえることなどないと、気づいてください。十字架上のイエスを見つめてください。こんなにも優しく、いつくしみに満ちたまなざしを受けたことなどないと気づいてください。十字架上のイエスを見つめてください。これほどまでの愛の抱擁を受けたことはないと気づいてください。十字架にかけられた主を見つめ、こういいましょう。「イエス様、ありがとうございます。いつも愛し、ゆるしてくださることを感謝いたします。わたし自身が自分を愛せずにいるときも、自分をゆるせずにいるときも、あなたはわたしを愛し、ゆるしてくださいます」。

　十字架にかけられ、苦痛の頂点にあったまさにそのとき、イエスはご自分が教えたもっとも難しいおきてに従っておられます。敵を愛しなさい――。自分を傷つけた人、侮辱した人、裏切った人のことを、自分を苦しめた人、理解してくれなかった人のことを、反面教師でしかなかった人のことを、思い浮かべてみてください。自分を傷つけた人のことを思い返し、どれほど時間を費やしていることでしょう。わたしたちは、他人によって、あるいは生きてきた過去の何かで負った傷を、蒸し返しては傷をなめる、そんなことばかりではないでしょうか。今日、イエスはわたしたちに教えています。いつまでもそこにとどまっていてはならない、対抗しなさいと。悪と嘆きの悪循環を断ち切りなさいと。人生の釘打ちには愛で、憎しみの連打にはゆるしの抱擁で対抗しなさいと。さあ、イエスの弟子として、師なるかたに従うのですか。それとも恨みの衝動に身を任せるのですか。自分自身にぶつけるべき問いです。師に従うのか、恨みの衝動に従うのか。

　自分がキリストに属する者であるかの真偽を確かめるには、自分を傷つけた人に対してどう振る舞うかを見ればよいのです。主は、自分の思うままに、皆がするように相手に応じるのではなく、主がわたしたちにしてくださったように応じるよう求めておられます。「わたしを大事にしてくれるなら、わたしはあなたを大事にします。わたしを友達だと思うなら、わたしもあなたの友達になります。わたしを助けてくれるなら、わたしもあなたを助けます」、この考えから抜け出すよう主は求めておられます。だれに対しても、いつくしみとあわれみをもたなければなりません。神は一人ひとりをご自分の子としてご覧になられているからです。神はわたしたちを善人と悪人に、友人と敵とに分けることはなさいません。そうするのはわたしたちであって、そうして神を苦しめているのです。神にとってわたしたちは皆、いとしい子であって、抱きしめたい、ゆるしたいと願っているのです。息子の婚宴に招待するため、金持ちが次のようにいって家来を町の大通りへ遣わすのと同じです。「皆を招いてきなさい。白人も黒人も、善人も悪人も、みんな連れてきなさい。健康な人も病気の人も、だれもかも……」（マタイ22・9―10参照）。イエスの愛はすべての人に向けられており、優先される人はいません。皆平等です。わたしたち一人ひとりが、同じ特権を、愛され、ゆるされる特権を有しているのです。

「父よ、彼らをおゆるしください。自分が何をしているのか知らないのです」。福音書は、イエスはこれを「言い続けた」（34節参照）と強調しています（訳注：『新共同訳聖書』は「いわれた」と訳しているが、原語の動詞には過去の反復を意味する活用形が用いられている）。十字架につけられてただ一度口にしたのではなく、十字架上にある数時間の間、ずっとこのことばを、口と心で唱え続けていたのです。神は、ゆるしに倦《う》むことはありません。そのことを、頭でだけでなく、心でも理解しなければなりません。神はゆるすことにくたびれることは決してありません。ゆるしを求めるわたしたちのほうが疲れてしまうのであって、神はゆるすことに決して倦みはしません。わたしたちは、我慢の限界を越えれば考えを変えたくなりますが、神にそれはありえません。ルカ福音書が教えるように、イエスはわたしたちに罪のゆるしをもたらすために、この世に来られたのであり（ルカ1・77参照）、最後には、ご自分の名によってすべての人に罪のゆるしを得させる悔い改めをのべ伝えよ、という明確な命令を与えました（ルカ24・47参照）。兄弟姉妹の皆さん。神のゆるしを求めることにうんざりしてはなりません。わたしたち司祭は、それを執行しなければなりませんし、すべてのキリスト者は神のゆるしを受け、そのあかしをしなければなりません。神にゆるしを求めることにうんざりしてはいけません。

「父よ、彼らをおゆるしください。自分が何をしているのか知らないのです」。もう一つ見てみましょう。イエスはゆるしを願うだけでなく、その理由についても言及しておられます。彼らをおゆるしください、自分が何をしているのか知らないのです。どういうことでしょう。イエスを十字架につけた人々は、殺害をもくろみ、逮捕と裁判を根回しし、そして今、イエスの最期を見届けるためにカルワリオの丘にいるのです。それなのにキリストは、彼らは分からずにいるのだと、その暴力的な者たちをゆるされるのです。イエスは、わたしたちにも同じようになさいます。わたしたちの弁護者となってくださるのです。イエスはわたしたちを敵視するのではなく、わたしたちのために、わたしたちの罪と戦ってくださるのです。その論拠は、彼らは知らないから、というものです。罪人であるわたしたちは皆、この心の無知なのです。暴力に訴えるときには、父なる神への思いも、兄弟姉妹である他者への思いも吹き飛んでいます。自分がこの世にいる理由を忘れ、不合理な残虐行為に走ってしまうのです。それは戦争の狂気に見て取れます。そこでは、キリストが再び十字架につけられているのです。夫の、わが子の、不条理な死を嘆く母親たちの中で、キリストは再び、十字架に釘打たれています。赤子を抱えて爆撃から逃れる避難民たちの中で、十字架につけられています。看取られずに亡くなる老人たち、未来を奪われた若者たち、兄弟殺しに送られる兵士たちの中で、十字架につけられています。キリストはそこで、今日も、十字架につけられているのです。

「父よ、彼らをおゆるしください。自分が何をしているのか知らないのです」。この信じがたいことばを多くの人が聞いたのに、こたえたのはたった一人です。イエスの隣で十字架につけられた犯罪人です。キリストのあわれみが、その人に希望の光をもたらし、「イエスよ、わたしを思い出してください」（ルカ23・42）といわしめたのでしょう。まるでこういっているかのようです。「だれもがわたしのことなど忘れているのに。あなたは自分を十字架につけた人たちのことを思い続けているのですね。あなたと一緒なら、そこにはわたしの居場所もあるのですね」。幸いな盗人は、人生が終わろうとしているときに神を受け入れます。そうして彼のいのちは、新たに始まるのです。この世の地獄で天国が開かれるのを見たのです。「あなたは今日わたしと一緒に楽園にいる」（43節）。これこそが神のゆるしの不思議です。死刑囚の最後の願いを、史上初の列聖に変えてしまうのです。

兄弟姉妹の皆さん。神はすべての罪をゆるしてくださる、そのことをこの聖週間に固く信じましょう。神はすべての人をゆるしてくださいます。どんな隔たりをもゆるしてくださり、あらゆる嘆きを踊りに変えてくださいます（詩編30・12参照）。キリストのもとには、だれの居場所も必ずあると、固く信じてください。イエスとともにあれば、一巻の終わりなどなく、遅すぎることはないのだと、固く信じてください。神とともにあれば、必ず生きることへと帰されるのです。勇気をもって、主のゆるしを携えて、主の復活に向けて歩んでいきましょう。キリストは、たえず、わたしたちのために御父に執り成しておられます（ヘブライ7・25参照）。暴力と苦悩に満ちたわたしたちの世界を見つめながら、倦むことなく言い続けておられます。このことばを心で、沈黙のうちに、繰り返しましょう。「父よ、彼らをおゆるしください。自分が何をしているのか知らないのです」。

受難の主日にあたる四月十日、午前十時からサンピエトロ大聖堂でささげたミサでの説教。

福音朗読箇所はルカ23・1―49。

聖香油

朗読されたイザヤの預言書で、主は、わたしたちに直接かかわる希望に満ちた約束をなさいます。「あなたたちは主の祭司と呼ばれ、わたしたちの神に仕える者とされる。……わたしは……まことをもって彼らの労苦に報い、とこしえの契約を彼らと結ぶ」（61・6、8）。愛する兄弟たち。司祭であることは恵みです。とても大きな恵みです。わたしたち自身にとってばかりでなく、民にとっての恵みです[1]。民にとって、主がご自分の群れの中から、ご自分の羊の世話に専心する羊を、（神）父として、牧者として立ててくださることは、大きな恵みです。司祭の労働に対価を払うのは、神ご自身です。「わたしは、まことをもって彼らの労苦に報いる」（イザヤ61・18）。それに、ご存じのとおり、主は高い給与をくださる雇用者です。ただし、後からきた者に最初に払い、次に前からの者に渡すなど、特殊なやり方によってです。それが、主ならではのスタイルです。

朗読された黙示録は、主からの報酬が何であるかを教えてくれます。それは主の愛であり、十字架上で流した血を代価とした、わたしたちの罪の無条件のゆるしです。「わたしたちを愛し、ご自分の血によって罪から解放してくださったかた……、わたしたちを王とし、ご自身の父である神に仕える祭司としてくださったかた」(1・5―6)。イエスを友とすることに勝る報酬はありません。それを忘れないでください。イエスのゆるしに勝る平和はありません。わたしたちは皆、それを胸に刻まなければなりません。その尊い血に勝る報奨はなく、それに値しない仕事ぶりで、その血を辱めることがあってはなりません。

愛する兄弟である司祭の皆さん。心で読めば、これらはいずれも主からの招きです。主に忠実でありなさい、主との契約に忠実でありなさい、主から愛してもらいなさい、ゆるしていただきなさい。わたしたちにとって招きであるだけでなく、それによって、わたしたちははっきり意識的に、神の忠実な聖なる民に仕えられるのです。民は奉仕を受けるにふさわしく、またそれを必要としています。ルカ福音書は、イエスが同郷の者の前で預言者イザヤの書を読み着席すると、「会堂にいるすべての人の目がイエスに注がれていた」(4・20)と伝えています。今日の黙示録の箇所も、すべての人の目がイエスに注がれたこと、十字架にかけられ復活した主にどうしようもなく引き付けられ、あがめ、仰ぎ見ることを語っています。「見よ、そのかたが雲に乗って来られる。すべての人の目が彼を仰ぎ見る、ことに、彼を突き刺した者どもは。地上の諸民族は皆、彼のために嘆き悲しむ」（1・7）。復活の主が再臨される終わりの日の栄光は、即座にそれと分かるものです。釘跡のある主を見て、このかたがどんなかたであるのか、罪人である、罪人でしかないわたしたちは何者であるのか、それを知るのです。

「イエスを見つめること」は、司祭として、わたしたちが没入すべき恵みです。一日の終わりに、主を見つめ、自分の心とともに、自分が出会った人々の心も見つめてくださるよう願うのがいいでしょう。大事なのは罪を数え上げることではなく、イエスの目でその日を振り返り、その日の恵み、主から与えられたもの、していただいたことを見つめ直して感謝をささげるという、愛の観想をすることです。自分の前にある誘惑を主に見ていただき、判断し、拒めるようになることも大切です。お分かりとは思いますが、何が主の喜びであるか、今ここで、この現実の人生において、主はわたしに何を望んでおられるのかに気づくことが大事です。

そして、優しさに満ちた主のまなざしを受け止めるなら、わたしたちに自分の偶像を見せるようにという、主からの合図にも気づけるでしょう。ラケルのように、わたしたちがマントのひだに隠している、偽りの守り神です（創世記31・34―35参照）。隠し持つ偶像を主に見ていただきなさい。わたしたちには皆、そうした偶像があります。だれにでもあります。隠し持つ偶像を見ていただけば、わたしたちはそれに対して勝る者となり、偶像の力は奪われるのです。

主のまなざしは、わたしたちが偶像を通して、実は自分をあがめていることに気づかせてくれます[2]。そこに、それがすべてであるとするものの中に、悪魔が強い毒を仕込むからです。悪魔は、わたしたちが情熱を好きなようにさせたり、別のものに夢中になったりして、自分で自分を「満足させる」ようにするだけでなく、それら隠された偶像が、わたしたちの内に住まわれる父と子と聖霊の神のペルソナの現存に取って代わるよう仕向けます。そのようなことが起きるのです。偶像とは何か、神とは何か、そんなことは百パーセント分かっていると口ではいうものの、実際には、三位の神をずらしてそこに悪魔を据えて、いわば間接的に崇拝しているのです。隠してはいても、つねにそれの話に耳を貸し、それが生み出すものを消費し続けています。そうしていずれ、神のためのスペースは片隅にすらなくなってしまうのです。悪魔はそうしたものですから、じわりじわりと動くのです。別の機会に、「礼儀正しい」悪魔の話をしたことがあります。イエスのいう、追い払われる悪魔よりも、たちの悪い悪魔のことです。「礼儀正しく」、呼び鈴を鳴らし、招き入れられて、家の奥へ奥へと少しずつ入り込むのです。それがわたしたちの偶像ですから、気をつけてください。

偶像には、何かが、個人的な何かがあります。偶像の仮面をはぐことを怠れば、偶像に見ているのはただただ自分の姿だということをイエスに見ていただかなければ、悪魔にその領土を拡大させてしまうことになります。忘れてはならないのは、悪魔は思うとおりに行動し、自分に仕えるようわたしたちに求めてはいても、つねに悪に奉仕し、自分を常時たたえるよう求めるわけではないということです。そうはしません。どう動くべきかを知っているのです。かなりのやり手です。悪魔にしてみれば、時折の崇敬があればそれだけで、わたしたちが悪魔を真の主人としている証拠で、わたしたちが人生や心において自分を神のように感じていると思うに十分なのです。

そのように申し上げたうえで、この聖香油のミサで、隠された偶像崇拝の三つの場について、皆さんと分かち合いと思います。悪魔はそこで、司牧者としての召命の力を弱め、イエス、聖霊、御父の恵みと愛の現存からわたしたちを少しずつ引き離すために偶像を用います。

隠された偶像崇拝の一つ目の場は、世俗的霊性のあるところです。それは「生き方の提案であり文化で、はかない文化、見せかけの文化、化粧文化[3]」のことです。その基準は自己の力の過大な称賛、しかも十字架のない称賛です。だからイエスは、わたしたちがそうした世俗の文化から守られるよう御父に祈っておられます。十字架を欠いた栄光というこの誘惑は、主のペルソナとは相いれないものです。受肉においてご自分を卑しい者となさり、反対を受けるしるしとして、あらゆる偶像に抗する唯一の薬であるかたとは相いれないものです。「貧しさをお選びになったから」貧しくあられたキリストとともに貧しいこと、「キリストが貧しさをお選びになられたから」そうであるということは、愛の論理以外の何ものでもありません。今日の福音は、主が生涯の大半をお過ごしになられた小さな村の簡素な会堂に、どうしてお入りになられたのかを示しています。歴史の終わりに、天使たちに囲まれて、栄光のうちに再び来られるときになさる宣言と、同じ宣言をするためです。わたしたちのまなざしは、今、イエスとともにある人生において、会堂にいた当時の人々同様、イエスに注がれなければなりません。自分の栄光を求める世俗性は、へりくだり、卑しめられたイエスの存在をわたしたちから奪ってしまいます。すべての人に近づかれる主、苦しむすべての人とともに苦しむキリスト、そのかたの真の友であると自覚するわたしたちの民にあがめられるかたをです。世俗的司祭は、聖職者となった偶像崇拝者にほかなりません。世俗的司祭は、聖職に上げられてはいても偶像崇拝の異教徒です。

　隠された偶像崇拝が根づく次なる場は、数字による実用主義が偏重されるところです。この偶像を密かに抱く者たちは、統計への偏愛が特徴で、議論から個人の言い分のいっさいを排して多数派を優位にし、結局はそれを判断基準にしてしまうのです。おぞましい。それは、キリストの教会の進むべきただ一つの道でもなければ、唯一の基準でもありません。人を「数値化」することは不可能ですし、神は「勘定しながら」霊を注いではおられません（ヨハネ3・34参照）。この数字への盲信があると、愛の論理とは異なり、顔のある存在に関心をもたない、数字ばかりを追い求めるこの論理を確認基準として、自分たち自身について模索し、満足を求めようとする事態が生じます。偉大な聖人たちの特徴は、神に完全に場を譲るために、退くすべを知っていることです。この退くということ、己を顧みないこと、ほかのだれからも忘れられる存在でありたいという思いは、聖霊の特徴です。聖霊には像がありません。聖霊にそれ自身の像がないのは、聖霊は、御子の像を輝かせ、御子において御父の像を輝かす、愛そのものであるからです。「姿を見せない」ことを好む神のペルソナ――像はありませんので――に取って代わろうとすることを、数字という偶像は目指しています。その偶像は、具体化するのではなく、抽象的であっても勘定できるものとして、あらゆるものを「可視化」しようとするものです。

隠された偶像崇拝の三つ目の場は、二つ目の場と関連し、機能主義に端を発するものです。多くの人が「行程そのものよりも、行程表に夢中になる」、あの魅惑的なものです。機能主義の考えは、神秘を許容できず、実効性を目指します。この偶像は少しずつ、わたしたちのうちにある御父の存在に取って代わります。一つ目の偶像が御子の存在に取って代わり、二つ目の偶像が聖霊の存在に、三つ目が御父の存在に取って代わります。わたしたちの御父は創造主であられますが、このかたは物事を「機能」させるだけのかたではありません。御父として、優しさをもって「創造」するかたであり、ご自分の被造物の重荷を担われ、人が解放されるよう働かれるかたなのです。機能主義者は、聖霊が神の民に注がれる恵みを喜ぶことができません。賃金を得る労働者のように、彼らがいるから「飯が食える」とすら考えているのです。機能主義に侵された司祭は、己のエゴという糧を自前で調達します。機能主義に陥ると、人生の大事においても小事においても御父への礼拝を二の次にしてしまい、自身の計画の有効性を喜びとします。サタンの誘惑に負けたダビデと同じく、国勢調査の実施に固執します（歴代誌上21・1参照）。この者たちは旅好きなのではなく、旅の計画、行程表のマニアにすぎないのです。

隠された偶像崇拝の二つ目と三つ目の場（数字崇拝と機能主義）では、神との出会いの場である希望を、経験重視の検証の場に置き換えてしまいます。それは、司牧者の側にあるうぬぼれの態度で、民と神との結びつきを壊し、数や計画に基づいて新たな偶像を彫る姿です。「わが力、われわれの力[4]」という偶像であり、われわれの計画、われわれの数字、われわれの司牧計画、という偶像です。こうした偶像を（ラケルの態度で）隠匿《いんとく》し、日常生活でその仮面をはぐことができないなら、わたしたち司祭の約束に対する忠実さは損なわれ、わたしたち個人と主との関係は冷えていきます。いったいこの司教は何を望んでいるのか。イエスについて語らずに、今日の偶像について語るとは、どういうつもりだ。そんなふうに受け止めるかたもおられるかもしれません。

　愛する兄弟たち。イエスこそが、わたしたちが何を感じているのか、わたしたちの心が何に導かれているのかを理解するうえで、誤りを避ける唯一の道です。今日もなおわたしたちの小教区の聖堂に座り、今日わたしたちが耳にしたとき、すべては実現したと告げておられるかのようなこのかたに日々自分を照らして、よい識別を行うための唯一の道です。イエスは反対を受けるしるしです——それは、必ずしも血なまぐさいもの、手ごわいものとは限りません。あわれみはもとより、それ以上に優しさは反対を受けるしるしであるからです——。重ねて申し上げますが、そのイエス・キリストは、そうした偶像の正体を明らかにし、その存在を、その根を、その働きを露わにして、たたき壊してくださいます。隠された偶像をたたき壊していただくため、主に場を譲りましょう、そう提案いたします。これを胸に刻み、そうした心のひだに隠した偶像という毒麦が再び芽を出すことのないよう、注意を怠ってはなりません。

どこまでも純潔で偶像の隠匿とは無縁の、父である聖ヨセフに祈りをささげて締めくくりたいと思います。わたしたちが、すべての所有欲から解放されますように。所有欲は、偶像を太らせる肥沃《ひよく》な土地だからです。そうした、しばしば隠しがちで、また、隠れがちな偶像を識別するという骨の折れる仕事を、くじけずに続ける恵みを授かることができますように。そしてまた聖ヨセフに願いましょう。もっとうまくできるのではないかと自信を失っているとき、わたしたちの判断を聖霊が照らしてくださるよう取り次いでください。それはヨセフが、マリアと「ひそかに」（lathra）縁を切ろうとの試みを受けた際、その思いを照らしてくださった聖霊です。その照らしによって、わたしたちは高潔な心で、律法に学んだことを愛に従わせることができるはずです[5]。

注

（1）　祭司職の役務は共通祭司職への奉仕である、それが理由である。主が一部の人を選んだのは、「主が、人々のためにキリストの名において公に祭司の職務を果たす」（第二バチカン公会議『司祭の役務と生活に関する教令』2。同『教会憲章』10参照）ためである。「実際、聖なる権能をもつ役務者は、自分の兄弟たちに奉仕する」（『教会憲章』18）。

（2）教皇フランシスコ一般謁見講話「十戒について（二〇一八年八月一日）」（『十戒・主の祈り――教皇講話集』、二〇二〇年、三九―四五頁）参照。

（3）教皇フランシスコ「サンタマリア館での朝ミサ説教（二〇二〇年五月十六日）」。

（4）J・M・ベルゴリオ（教皇フランシスコの本名）『修道者のための考察』（*Meditaciones para religiosos*, Bilbao, Mensajero, 2014, P.145）。

（5）教皇フランシスコ使徒的書簡『父の心で――聖ヨセフを普遍教会の保護者とする宣言一五〇周年を記念して』4、注18（*Patris corde*）参照。

聖木曜日の四月十四日の午前九時半から、サンピエトロ大聖堂でささげた聖香油のミサでの説教。朗読箇所はイザヤ61・1―3、6、8―9、黙示録1・5―8、ルカ4・16―21。

主の晩餐

聖木曜日には、つねに福音書のこの箇所が朗読されます。簡潔です。イエスは親しい者たちと、弟子たちとともに夕食の席に着いています。過越の食事です。そしてイエスは弟子たちの足を洗います。これは奇妙なことです。当時、家の入り口で足を洗うのは奴隷の仕事でした。それだけでなくイエスは、ご自分を売り飛ばす裏切り者の足も洗います。とても胸を打つ行為です。それが、イエスというかたです。イエスはごくシンプルに教えています。互いに足を洗い合いなさいと。これは、互いに仕え合いなさい、利害を無視して相手に仕えなさい、ということのしるしです。それが毎日できたなら、すべての人にできたなら、どれほどすばらしいことでしょう。ですが必ずそこには、蛇が忍び込むように利害が絡んでしまいます。「あそこの役所では支払いが必要だった」、それは恥ずべきことなのです。それは間違ったことです。よくないことです。わたしたちは人生でたびたび、互いに手数料がかかるかのごとく、自分の利益の追求に走ります。そうではなく、何でも損得勘定抜きに行うことが大切です。

相手に奉仕する、相手の兄弟となる、相手の成長を助ける、相手を正す、そのようにやっていくのです。仕えることとです。それから、裏切り者にも「友よ」と声をかけ、最後まで待っていてくださるイエスの心は、すべてをゆるしてくださいます。今日はこのことを、皆で心に刻みましょう。わたしも刻みます。神はすべてをゆるしてくださいます、必ずゆるしてくださいます。うんざりしてしまうのは、ゆるしを求めるわたしたちのほうです。きっとだれの心にも、長く抱えている何かが、うなされる何か、押し入れの奥に隠したい秘密があるはずです。それをゆるしてほしいとイエスに願ってください。イエスは何でもゆるしてくださいます。イエスが望むのは、ゆるしを願うわたしたちの信頼だけです。あなたはゆるしを、独りでいるときにも、仲間と一緒にも、また司祭とともにいるときにも、願うことができます。今日のための美しい祈りはこうです。「どうか主よ、わたしをゆるしてください。わたしは他の人に仕える努力をしますが、あなたはゆるしによって、わたしに仕えてくださいます」。そのように主は、ゆるしをもって代償を支払ってくださいました。これがわたしがお伝えしたいことです。仕え、互いに支え合い、主はゆるしてくださると信じることです。どれだけゆるしてくださるか。すべてです。どこまでゆるしてくださるか。どこまでもです。主は、ゆるすことにうんざりしたりはしないのです。うんざりするのは、ゆるしてほしいと願うわたしたちのほうです。

さてこれから、イエスが行ったのと同じことをわたしも行います。皆さんの足を洗います。わたしはこれを、心から行います。わたしたち司祭は、真っ先に他者に奉仕するべき者であって、他者からむさぼり取る者であってはなりません。聖職者中心主義になると、その生き方になりがちです。ですがわたしたちは、仕えなければなりません。それこそがしるしです。そしてまた、ここにいる兄弟姉妹と、すべての皆さんへの愛のしるしでもあります。「わたしは何人をも裁かない。すべての人に仕えたい」、というしるしです。裁きをなさるのはただお一人です。ですが主は何というか、風変わりな裁きをなさいます。裁いて、そしておゆるしになるのです。それでは、互いに仕え、ゆるし合いたいという願いをもって、式に移ります。

聖木曜日の四月十四日の午後三時から、チヴィタヴェッキアにある刑務所で、収容者とともにささげた主の晩餐のミサでの説教。説教に続いて行われた洗足式で教皇は、奉仕と徹底した低頭となる愛のしるしとしてイエスに倣い、年齢と国籍の異なる四人男女十二人の足を洗った。

復活徹夜祭

多くの作家が、星月夜の美しさをたたえてきました。けれども戦時下の夜空には、死に向かう光の筋が飛び交います。兄弟姉妹の皆さん。今宵《こよい》、福音書の女性たちの手引きで、彼女たちとともに、この世の暗闇の中で輝く神の光が立ち上がるのを目に焼き付けましょう。夜が明け、そっと空が白み始めるころ、女性たちは、イエスの亡骸《なきがら》に香油を塗るために墓へ向かいました。するとそこで彼女たちは、衝撃の体験をします。まず、墓が空であることを発見します。次に、輝く衣を着た二人と出会い、イエスは復活されたと告げられます。そしてすぐに女性たちは、他の弟子たちにそれを知らせに飛んで帰ります（ルカ24・1―10参照）。女性たちは見て、聞いて、知らせます。この三つの行動をもって、わたしたちも主の復活を迎えましょう。

　女性たちは見ます。復活の最初の告知は、理解できる形式によってではなく、見つめるべきしるしによってでした。整然とした安らかな雰囲気であるはずの墓のある場所で、女性たちが「見ると、石が墓のわきに転がしてあり、中に入っても、主イエスの遺体が見当たらなかった」（同2―3節）。ですから主の復活は、わたしたちの想定を覆すことから始まります。驚くべき希望のたまものとともにやってきます。ただそれを受け入れることは簡単ではありません。時には――認めなければなりませんが――、この希望を、心が素直に受け入れられないこともあります。福音書の女性たちのように、疑問や疑いに包まれて、予期せぬしるしに対する最初の反応は恐怖となり、「恐れて地に顔を伏せ」てしまいます（同4―5節参照）。

わたしたちが人生や現実を直視しないことは多すぎるほどあります。過ぎ去る今日を眺めるだけで、未来を悲観し、自分のニーズに執着して、無関心の牢獄にこもり、不満を言い続けて、状況は決して変わらないと考え続けています。このようにわたしたちは、あきらめや宿命という墓の前で動けずに、生きる喜びを葬ってしまいます。ですが主は今宵わたしたちに、それとは違う目をもたせようとしておられます。恐れ、苦しみ、死が、わたしたちにとっての決定打とはならないとの、希望に照らされた目です。イエスの復活の神秘によって、わたしたちは無から生へと跳躍できます。「死はもはやわたしたちのいのちを奪うことはできない」（カール・ラーナー、*Was Ostern bedeutet*, Mainz 2017）。いのちは今や完全に、永遠に、神の限りない愛に抱かれているからです。確かに死は、わたしたちをおびえさせ、動けなくさせてしまうかもしれません。ですが主は、復活されました。まなざしを上げ、悲しみや苦しみの覆いを自分の目から取り去り、神がもたらしてくださる希望に心を開きましょう。

二つ目、女性たちは聞きます。空の墓を目にすると、輝く衣を着た二人の人がそばに現れてこういいました。「なぜ、生きておられるかたを死者の中に捜すのか。あのかたは、ここにはおられない。復活なさったのだ」（同5—6節）。このことばを聞き、繰り返し口にするといいと思います。「あのかたは、ここにはおられない」。神のことはすべて理解した気になるたびに、神を自分の枠で捉えられると思い上がるたびに、自分に言い聞かせましょう。「あのかたは、ここにはおられない」。移ろいがちなものであるのに、感情的に、あるいは必要なときにだけ神を求め、その後、日常の中で、具体的な決断の際に、神を脇へ追いやり忘れてしまうたびに、繰り返し口にしましょう。「あのかたは、ここにはおられない」。神を、わたしたちの言語に、原則に、習慣に押し込めようと考え、人生の真っ暗い隅で、泣き叫ぶ人、もがき苦しみ、希望を求めている人の中に神を探すことを忘れてしまっているなら、繰り返しいいましょう。「あのかたは、ここにはおられない」。

女性たちに投げかけられた質問に、耳を傾けましょう。「なぜ、生きておられるかたを死者の中に捜すのか」。わたしたちが死んだままでいては、復活祭を祝えません。

わたしたちが過去にとらわれたままでいてはいけません。生きていく中で、すべてをゆるしてくださる神にゆるしていただく勇気を、変わる勇気を、悪のわざを捨てる勇気を、イエスによって、イエスの愛によって決意する勇気をもてないのなら、復活祭は祝えません。信仰を単なるお守りにしたまま、神を過去のよい思い出としてしまい、今日、生きておられる神――わたしたちと、この世を変えたいと願っておられるかた――に出会おうとしないなら、復活祭は祝えません。キリスト教が、過去の残骸の中に主を求め、慣例という墓に神を押し込めるなら、それは復活祭のないキリスト教です。いいですか、主は復活されたのです。墓の周りをうろついていないで、生きておられる主を探しにいきましょう。わたしたちの兄弟姉妹の顔をしておられる主、希望を捨てない人の人生に、夢見る人の人生に、苦しみ叫ぶ人の痛みの中におられる主を捜すことを恐れてはなりません。神はそこにおられるのです。

　最後、女性たちは知らせます。何を知らせたのでしょうか。復活の喜びです。復活は、イエスの死を悼《いた》む人の心を落ち着かせるための出来事ではありません。悪と死に対する神の勝利という、途方もない知らせに心を開くために起きたことです。ですから復活の光は、女性たちを自分だけの喜びの法悦にとどめておこうとはせず、居残らせずに、「墓から帰って」（同9節参照）復活したかたの福音をすべての人にもたらす、宣教する弟子を生み出すのです。だから女性たちは、見て聞いた後、復活の喜びを弟子たちに知らせに急ぎます。女性たちは、他の人から気がふれたと思われるかもしれないことは分かっていました。福音書が、女性たちの話が「たわ言のように思われた」(同11節)と伝えるほどですが、彼女たちには自分たちがどういわれるか、どう映るかは、どうでもよかったのです。気持ちを抑えたり、話の算段を考えたりはしないのです。知らせを、メッセージを届けるための、燃える心があるだけでした。「主は復活された」と。

　こんなふうに、世界のほうぼうを駆ける教会はなんと美しいものでしょう。恐れずに、計算もなく、日和見《ひよりみ》でもなく、すべての人に福音の喜びを届けたいという強い思いがあるだけです。わたしたちに求められているのは、復活されたかたとの出会いを経験し、それを他者と分かち合うこと、しばしばわたしたちの手によって主を閉じ込めてしまう墓から石をどけること、そうして世界中に喜びを広めることです。わたしたちの手で閉じ込めた墓の中から、生きておられるイエスに復活していただきましょう。何度もわたしたちの手で押し込んでいたしきたりの中から、イエスを解放しましょう。煩わされたくなくて、面倒はご免だからと逃げ込みがちな、平穏な人生という眠りから目覚めましょう。このかたを、毎日の生活に迎えましょう。戦争の戦慄が刻まれたこの時代に、平和の身振りによって――。壊れてしまった関係には和解のわざをもって、困っている人々には思いやりのわざをもって――。不平等の中では正義の行動によって、嘘の中では真理の行動によって――。そして何より、愛のわざと兄弟愛のわざによって――。

兄弟姉妹の皆さん。わたしたちの希望には名があります。イエスです。イエスはわたしたちの罪である墓に入られました。奥深くわたしたちのいる絶望の際にまで来てくださり、わたしたちの恐怖が渦巻く中をくぐられ、わたしたちの苦しみの重荷を担われ、死の暗い底から、わたしたちをいのちへと引き上げてくださり、わたしたちの嘆きを踊りに変えてくださったのです（訳注：詩編30・12参照）。復活祭を、キリストとともに祝いましょう。キリストは生きておられます。今日も、過ぎ越しておられ、変えておられ、解放しておられます。キリストによって、悪は力を奪われ、失敗からの再出発は妨げられなくなり、死は新たないのちへの通過点となります。復活されたイエスとともにあれば、明けない夜はないのです。そして漆黒の闇夜にさえ、その暗闇の中にさえ、明けの星は輝くのです。

（ウクライナからの訪問者に向けて）皆さん、市長、国会議員の皆さん。皆さんの味わっているこの闇の中で、戦争の深い闇、残虐さの暗闇の中で、わたしたちは皆で祈ります。皆さんとともに、皆さんのために、今宵《こよい》わたしたちは祈ります。すべての苦悩のために祈ります。寄り添い、祈ることだけは約束いたします。そして次のことばを送ります。「元気を出してください。わたしは皆さんとともにいます」。そして今日祝っている最高のことを送ります。Christós voskrés!（ウクライナ語「キリストは復活された」）。

四月十六日（土）午後七時半から、サンピエトロ大聖堂で行われた復活徹夜祭ミサでの説教。説教の最後には、前日国務省長官との面会のためにバチカンを訪れ、最前列でミサに出席していたウクライナ南部の都市メルトポリの市長イワン・フェドロフ氏と三人のウクライナ国会議員に向けて、原稿にはないことばをかけた。メルトポリはロシアの占領下にあり、三月十一日にフェドロフ市長がロシア軍に拉致され、五日間の拘束後にロシア兵捕虜九人との交換により解放された。ミサの司式は枢機卿団の長であるジョバンニ・バッティスタ・レ枢機卿が務めた。

復活祭メッセージ（ローマと全世界へ）

愛する兄弟姉妹の皆さん、主のご復活おめでとうございます。

十字架につけられたかた、イエスが復活されました。その死を悼み、家にこもり、恐怖と不安に満ちている者たちのもとに、イエスは来ておられます。イエスは彼らのもとに来ていわれます。「あなたがたに平和があるように」（ヨハネ20・19）。イエスは両手足の傷、脇腹にある傷を見せてくださいます。幽霊ではありません。正真正銘のイエス、十字架で死んで、墓に納められたイエスそのものです。信じられないという顔をした弟子たちに、イエスは重ねていわれます。「あなたがたに平和があるように」（同21節）。

今日の復活祭を戦争の中で迎えるわたしたちもまた、信じられないという顔をしています。あまりの流血、あまりの暴力を目にしました。わたしたちの心も恐怖と苦悩に満ちています。多くの兄弟姉妹が、爆撃から身を守るために閉じこもらなければならないのです。イエスが本当に復活し、死に打ち勝ったことが、信じがたく思われます。それは幻想なのでしょうか。わたしたちの想像の産物なのでしょうか。

いいえ、幻想ではありません。復活のメッセージが、東方教会の信者にとって、今日ほど尊く響いたことがあるでしょうか。「キリストは復活された。まことによみがえられた」。果てしなく続くかのような四旬節の終わりに、今日ほど主を必要とすることがあるでしょうか。深い爪痕《つめあと》を残した二年間のパンデミックを経ました。手を取り合って、力を合わせて助け合い、ともにトンネルから抜け出る時が来ました。ところがわたしたちにはまだ、イエスの心ではなく、カインの心があります。アベルを兄弟ではなくライバルとし、いかにして排除しようかと考えています。愛の勝利を信じるために、和解を頼りとするために、わたしたちには十字架につけられ復活したかたが必要です。今日こそ、このかたが必要です。わたしたちのもとに来られ、「あなたがたに平和があるように」と再び告げてくださるかたが必要なのです。

このかたにしかそれはおできになれません。主だけに、今日わたしたちに平和を告げる資格があります。イエスだけが、傷を、わたしたちの傷を負っておられるのですから。イエスの傷は、二重の意味でわたしたちの傷です。わたしたちによって、わたしたちの罪によって、わたしたちの心の頑なさによって、兄弟殺しとなる憎悪によって、それは負わされたからであり、そして主は、その傷をわたしたちのために残したままになさり、その輝く肉体から取り除かずに、永遠にとどめておこうとされているから、わたしたちのものです。傷跡は、わたしたちへの愛の消えることのない刻印であり、永遠の執り成しの行為であり、天の父はそれを見ることによって、わたしたちと全世界とをあわれんでくださるのです。復活したイエスのからだの傷は、わたしたちが平和を得、平和にとどまり、平和のうちに生きることができるよう、イエスが愛という武具でわたしたちのために戦い勝利した、決闘のしるしなのです。

その光輝く傷を見ると、疑いに満ちたわたしたちの目は開かれ、固く閉ざされた心は打ち砕かれ、復活のメッセージが差し込みます。「あなたがたに平和があるように」。

兄弟姉妹の皆さん。わたしたちの生活に、家に、国に、キリストの平和を迎え入れようではありませんか。

残酷で無意味な戦争に引きずり込まれ、暴力と破壊で激しく痛めつけられ、責め苦に遭うウクライナに、平和が訪れますように。苦しみと死にまみれたこの恐怖の夜に、希望の新たな夜明けがすぐに訪れますように。平和のための決断がなされますように。民が苦しんでいるのに、力を誇示するのはやめてください。どうか、どうかお願いです。戦争に慣れてしまわないでください。皆で、窓から、通りに立って、平和を声高に求めてください。平和！　各国の指導者たちが、平和を求める民の叫びに耳を傾けますように。約七十年前に科学者たちが投げかけた不気味な問いが、彼らの耳に届きますように。「わたしたちが人類を滅亡させますか、それとも人類が戦争を放棄しますか」（「ラッセル・アインシュタイン宣言（一九五五年七月九日）」日本パグウォッシュ会議、二〇二一年五月三日付新和訳）。

膨大なウクライナの犠牲者、何百万人もの国内・国外避難民、引き裂かれた家族、取り残された高齢者、失われた生活、壊滅された町や村、そのすべてが、わたしの心に刻まれています。戦争で親を失った子、避難している子どもたちの視線が、わたしの目に刺さります。彼らを見て、彼らの苦しい叫びを、そして世界中で苦しむほかの多くの子どもたちの叫びをも、聞かずにいられるでしょうか。飢えや医療不足でいのちを落とす子どもたち、虐待や暴力の犠牲となっている子どもたち、生まれる権利を奪われた子どもたちです。

戦争の悲劇の中、希望の兆しもあります。ヨーロッパ各地で、多くの家庭や地域社会の扉が開かれ、移住者や難民を受け入れています。こうした無数の愛の行いが、あまたの利己主義や個人主義で荒れがちな、わたしたちの社会を祝福するものとなりますように。そしてすべての人を受け入れる社会となる、助けとなりますように。

ヨーロッパでの衝突を通じて、世界の多くの地域で起きていることに、もっと関心が向けられますように。あまりにも多くの地域が、緊張、苦しみ、悲しみの状況にあります。見過ごすことのできない、忘れてはならない状況です。

長年にわたる紛争と分裂で荒れる中東に平和が訪れますように。栄光に輝くこの日、エルサレムの平和と、エルサレムを愛するすべての人々（詩編122参照）、キリスト教徒、ユダヤ教徒、ムスリムに、平和を祈ります。イスラエル人、パレスチナ人、そして聖都に住むすべての人が、巡礼者たちとともに平和の美を体験し、兄弟愛をもって暮らし、それぞれの権利を互いに尊重して、聖地への自由な出入りが可能になりますように。

レバノン、シリア、イラクの人々に、とくに、中東に住むすべてのキリスト教共同体に、平和と和解がありますように。

リビアにも平和が訪れ、長年の緊張が解け、安定が得られますように。また、忘れられた紛争に苦しみ、犠牲者が絶えないイエメンにおいて、最近締結された停戦が国民に希望を与えてくれますように。

復活した主に願いましょう。憎しみと暴力の悲劇が繰り広げられているミャンマーと、危険な社会的緊張が続き、悲惨な人道危機が国民に大きな苦しみをもたらしているアフガニスタンに、和解のたまものが与えられますように。

アフリカ大陸全土に平和が訪れますように。その地で行われている搾取と、テロ攻撃――とくにサヘル地域での――がもたらす犠牲と流血が止み、民族間の兄弟愛に具体的な支援が見いだされますように。深刻な人道危機に見舞われているエチオピアで、対話と和解の道が新たに開かれますように。また、コンゴ民主共和国での暴力に終止符が打たれますように。壊滅的な洪水に見舞われた南アフリカ共和国東部の住人のために、祈りと連帯が欠けることがありませんように。

ラテンアメリカの住人のもとに、復活したキリストの寄り添いと支えがありますように。パンデミックによる苦境から社会状況が悪化し、さらに犯罪、暴力、汚職、麻薬密売によって輪をかけてひどくなる状況もあります。

カナダのカトリック教会が歩んでいる先住民族との和解の道に、復活した主が寄り添ってくださるよう祈り求めましょう。復活したキリストの霊によって、過去の傷がいやされ、真理と兄弟愛を求める心が与えられますように。

親愛なる兄弟姉妹の皆さん。どの戦争も全人類に影響を与えます。残された遺族の悲しみから難民たちの悲劇まで、さらには、すでにその兆候が見られる経済危機、食糧危機に至るまでです。戦争がとめどなく生み出す傷跡、そして人生にあるさまざまな悲しい敗北を前に、罪と恐れと死に打ち勝ったキリストは、悪と暴力に屈してはならないと、わたしたちをいさめておられます。兄弟姉妹の皆さん、キリストの平和によって勝利させていただきましょう。平和は可能です。平和は義務です。平和はすべての人にとって、最優先の責務です。

復活の主日の四月十七日（日）正午に、サンピエトロ大聖堂のバルコニーから発表した復活祭のメッセージ。これに続き、「ウルビ・エト・オルビ（ローマと全世界へ）」の使徒的祝福を与えた。この日教皇は、午前十時からサンピエトロ広場で復活の主日の日中のミサをささげた。

「フランシスコの経済学《エコノミー・オブ・フランチェスコ》」参加者へのあいさつ

愛する若い皆さん、おはようございます。お集まりのかたがた、来訪がかなった皆さんだけでなく、都合がつかなかったかた、また自宅で参加している皆さん全員に、ごあいさついたします。すべての皆さんのことを思い起こしています。わたしたちは皆結ばれています。それぞれの場所にいる皆さんと、この場所にいる皆さん、全員です。

二〇一九年五月一日に招待状を送って以来、皆さんがここアッシジに集まってくださるこの機を、三年もの間心待ちにしていました。彼（訳注：教皇のあいさつ前に登壇した参加者）が話してくれたように、多くの皆さんにとって、フランシスコの経済学《エコノミー》との出会いは、すでに皆さんの内にあった何かを目覚めさせるものとなったようです。皆さんはすでに、新たな営み《エコノミー》の創出に関与しておられます。わたしの手紙によってあなたがたは集い、より広い視野が示され、同じ召命をもった青年による世界規模の共同体に属している自覚を得たはずです。青年が、自分と同じ招きを感じている他の青年と出会い、その経験がさらにまた何百、何千もの青年との間で繰り返されるなら、とてつもないことが可能になります。巨大なシステム、世界経済のような複雑きわまりないシステムさえも、書き換えられるでしょう。確かに、今の時代に経済について論じることは古くさく映ります。今は金融が話題の中心ですが、金融は水物、泡のようなもので、保持することはできません。世界経済の優れた学者から聞いたのですが、そのかたは経済と人道と宗教に関する会合に出席したそうです。有意義な会合だったため、同じように金融でも行いたかったけれどできなかったそうです。この金融という泡のようなものに注意してください。あなたがたは、経済活動をその根源から、かつて行われていたように、人間の根源から始め直さなければなりません。あなたがた青年は、神の助けをもって、それを行うすべを知っていて、それができるのです。これまでの歴史を見ても、若い人たちは多くのことをなしてきました。

　皆さんは、悠長ではない時代に青春を過ごしています。環境危機、パンデミック、そして今やウクライナでの戦争、ほかにもさまざまな国で長年続く戦争が、わたしたちの生活に影響を及ぼしています。わたしたちの世代は、あなたがたに多くの富を残しましたが、地球を保護することができませんでしたし、平和を守ることもできていません。サン・ベネデット・デル・トロント（訳注：アドリア海に面するイタリアの港湾都市）の漁師たちが、一年間で十二トンものゴミやプラスチックを海から引き揚げたと聞けば、わたしたちが環境保全において失敗していることがお分かりかと思います。そして結果として、平和すら守れずにいるのです。あなたがたは、共通の家である地球のための職人、大工となるよう求められています。わたしたちがともに暮らす家は、「崩壊しつつあります」。目をそむけてはなりません。事実そうです。アッシジのフランシスコに倣う新たな経済学は、今日、地球に優しい経済、平和の経済になりうるものですし、ならなければなりません。肝心なことは、人を殺す経済（使徒的勧告『福音の喜び』53参照）から、あらゆる面での、いのちの経済への転換です。「よい暮らし」とは、甘い生活や楽な生活のことではありません。よい暮らしとは、先住民がわたしたちに教えてくれる、地球とのつながりについて抱くべき神秘を認めるものです。

　アッシジでのこの集いを預言に従わせるとした、あなたがたの決断は立派です。あなたがたの預言についての話はとてもよいものでした。アッシジのフランシスコの回心後の人生は、現代にも及ぶ預言でした。聖書では、預言と若者は深く結びついています。サムエルは少年時代に召し出しを受け、エレミヤとエゼキエルも若くして召されています。ダニエルがスザンナの潔白を預言して死から救ったのは青年のころでした（ダニエル書補遺スザンナ45―50節参照）。預言者ヨエルは、神がその霊を注いで、「あなたたちの息子や娘は預言する」（3・1）と民に告げています。聖書によれば、若者は知見を備え聡明です。巨人ゴリアトの傲慢の鼻をへし折ったのは、少年ダビデでした（サムエル上17・49―51参照）。まさに市民社会や企業に若手の力が欠けると、社会全体が衰退し、すべての人の暮らしが立ち行かなくなります。創造性、楽観性、熱意、リスクを冒す勇気が欠如します。若手のいない社会や経済は悲しく、悲観的で冷笑的です。自由主義経済学に特化した大学に行って、そこで学ぶ若者の顔を見たらそれが分かるでしょう。ところがありがたいことに、あなたがたはここにおられます。あなたがたは、明日になって登場するのではなく、今、今日、いるのです。あなたがたは「これから」であるだけでなく、「すでに」おられます。皆さんは現在（今）です。

今日、預言的な次元から発せられる経済学《エコノミー》は、環境と地球の新たなビジョンをもって説かれます。そうした環境との、地球との協調を推し進めなければなりません。エコロジカルな回心（転換）をなす多くの人、企業、団体があります。この道を進まなければなりませんし、さらに多くのことを行わなければなりません。あなたがたはその「さらに」を実行し、またすべての人にそれを求めてください。表面的な変化だけでは不十分なのです。開発モデルについて審議すべきです。無駄になるかもしれない次の国際サミットまで、ただ待っているわけにはいきません。地球は今日も燃えています。わたしたちは、今日変わらなければなりません。あらゆる次元においてです。この一年、あなたがたは植物の営み《エコノミー》という、イノベーションとなるテーマについて取り組んできました。植物のパラダイムには、地球と環境に対する別のアプローチがあることを理解されたと思います。植物は、周囲の環境全体と協働することにたけており、競合が生じた場合にも、生態系《エコシステム》の益となるよう現実的協力関係を築いているのです。植物の順応力に学ばなければなりません。植物の慎ましさと静けさは、わたしたちが緊急に必要としている別のアプローチを教えてくれます。エコロジカルな転換を口にしながら、天然資源と地球から強奪を続けた二十世紀の経済パラダイムに居残るなら、わたしたちの取る戦略は確実に不十分であり、根っこが腐っていることになるからです。聖書には、いのちの木やからし種など、樹木や草本のイメージがあふれています。また聖フランシスコは、生きとし生ける全被造物と結ぶ、自身の宇宙的な兄弟愛をもってわたしたちを助けてくれます。わたしたち人間は、この二百年の間、地球を犠牲にする成長戦略を取ってきました。代償を払っているのは、地球ではないですか。わたしたちはずっと、自分たちの満足を高めるために強奪を続けてきました。しかもすべての人の満足ではなく、一部の少数派の満足のためにです。今こそ、新たに勇気をもって化石燃料を手放し、ゼロ・インパクト、あるいはポジティブ・インパクトを伴う資源開発を急ピッチで進めるべき時です。

そしてまた、損害は償わなければならない――わたしたちはこれが苦手ですが――という普遍的な倫理原則を受け入れるべきです。損害が償われなければならないというのは、普遍的倫理原則です。地球と大気に負荷をかけてわたしたちが成長したというなら、今日のわたしたちは、持続不可能なままのライフスタイルにあって、犠牲を払うことを学ばなければなりません。さもなければ子どもや孫の世代が、その付けを払うことになります。それは、あまりにも高額で不公平な付けです。半年ほど前に、世界的な影響力のある科学者の話を聞きました。「昨日、わたしに孫娘が生まれました。わたしたちがこのままの生活を続ければ、孫はかわいそうに三十年後には、とても住むことのできない世界で暮らさなければならなくなるでしょう」。付けを払うのは子や孫の世代なのです。しかもそれは高すぎる、あまりに理不尽なものです。早急に断固たる転換が必要です。わたしは真剣に申し上げているのです。あなたがたが頼りです。わたしたちを置き去りにしないでください。手本となってください。正直にいえば、この道を生きていくには勇気が必要で、英雄的なものも必要になることがあります。ある会合で、エンジニアとしての高い技術を習得して卒業した、二十五歳の男性の話を聞く機会がありました。仕事が見つからなくて、結局、よく分からない業界に職を得たのですが、自分の仕事内容を知り、彼はそれを断ったそうです。ずっと仕事にありつけず、ようやく得た職だったのにです。武器を作る仕事だったからです。こうした、今日の英雄たちがおられます。

ですから、持続可能性は多元的なことばです。環境についての側面もあれば、社会的な側面もありますし、人間関係や精神性にも及びます。社会的な次元については、徐々に認識され始めています。わたしたちは、貧しい人の叫びと地球の叫びは、同じ一つの叫びであることに気づきつつあります（回勅『ラウダート・シ』49参照）。そのため、エコロジカルな転換への取り組みでは、環境に関する何らかの決断が、貧困問題にもたらす影響に留意しなければなりません。環境についての解決策が、すべて等しく貧困問題に効果をもたらすわけではないので、その中で、貧困と不平等の是正に寄与するものから着手すべきです。地球を救おうとする際に、苦しむ人々をないがしろにしてはなりません。致命的な汚染は、二酸化炭素によるものだけではありません。不公正もまた、この地球の息の根を止めるほどの毒です。新たに生まれる環境的災禍によって、古くからあり今なお解決していない、社会的不正義、さらには政治的不正義による災禍についての世論が消えてしまわないようにしなければなりません。たとえば政治的不正義について考えてみてください。迫害されるロヒンギャの貧しい人々がいます。自分たちの故郷で暮らすことができないため、定住の地がなくさすらい続けるのです。これは政治的不正義です。

それから、人間関係の持続可能性の問題もあります。多くの国で、人と人とのかかわりが乏しくなっています。とくに欧米では、コミュニティが脆弱化《ぜいじゃくか》し分断が進んでいます。世界各地で家庭が深刻な危機にあり、それに伴い、いのちの誕生を受け入れ、いのちを保護していくことの難しさに直面しています。現今の消費主義は、人間関係の空洞を、どんどん洗練されていく商品で埋めようとしていますが――現代は孤独が大きなビジネスチャンスです――、そうなると幸福度の低下が進むのです。よくない状況です。たとえば、人口動態の冬がこれらすべてにどのように関係しているのかを考えてみてください。子をもたず、代わりに犬猫をかわいがることを大事にするようなことを続けている、そうしたすべての国で大きく減少する、人口動態の冬です。子をなすことに戻らなければなりません。この人口動態の冬には、女性の奴隷化の問題もあります。お腹が出てくるとすぐに解雇されてしまうので、母親になれずにいる女性たちのことです。妊娠中の女性が就業機会を得られないことは多々あるのです。

最後に、現代の資本主義には、精神の面での持続不可能性の問題もあります。神の似姿として、神に似せて造られた人間は、物質的な財を求める被造物である以前に、意味を求める被造物です。わたしたちは皆、意味の探求者です。それゆえ、どんな社会でも、第一の資本は精神的資本です。精神的資本こそが、毎日起き上がって仕事に行く動機であり、経済にとっても必要な、生きる喜びを生み出すものだからです。わたしたちの世界は、宗教、伝承の知恵、民間にある信心、これらによって何世紀にもわたって蓄積されてきた、精神性というその不可欠な資本を急速に食いつぶしつつあります。そうして生じる意味の欠如によって、とくに若者たちが苦悩しています。人生において悩みや不確実性にしばしば直面する中、彼らは苦しみ、いら立ち、失望、喪失感を乗り越えるための霊的手段に乏しい魂を見いだすのです。若者の自殺率を見てください。いかに上昇しているか。全貌が明らかにされているのではなく、数字は伏されているのです。多くの若者にあるもろさは、この大事な霊的資本を欠いているところに原因があります。お尋ねしますので、各自心の中でこたえてください。あなたがたには、霊的資本がありますか。目に見える資本ではないけれど、金融資本より、技術的資本より、もっと現実的なものです。この欠かすことのできない、代々受け継いできた財産を、今また築かなければなりません。テクノロジーは、「何を」すべきか、「いかに」すべきかを教えてくれ、多くのことを行うでしょう。けれども「なぜ」すべきかは教えてくれません。ですからテクノロジーに頼れば、わたしたちの行為は不毛なものとなり、人生は満たされず、経済的な生活すらもままならなくなるのです。

フランシスコの街にいますから、貧困問題に言及しないわけにはいきません。このかたに動機づけられて経済学に取り組むことは、貧しい人たちを真ん中に置くことを約束することとです。彼らの立場から経済を見ること、彼らの視線で世界を見ることです。貧しい人に対して、もろく弱い一人ひとりに対して、胎児から病者、障害者、困窮する高齢者に至るまで、貧しい人一人ひとりに対する敬意、ケア、愛を欠いては、「フランシスコの経済学」とはいえません。もっといえば、フランシスコの経済学は、貧しい人のためであること、あるいは貧しい人たちとともに働くことにとどまるものではありません。現今のシステムがそうした人たちを無能な存在とし、社会がそのシステムに基づいて動くのであれば、わたしたちは人を殺す経済に加担することになるのです。では、胸に聞いてみてください。この経済を変えるために十分尽力しているのでしょうか。それとも、屋台骨はそのままに、壁を塗り替えるだけで満足しているのではないでしょうか。きれいに上塗りすることが求められているのではありません。骨組みから変えなければならないのです。おそらく答えは、わたしたちに何ができるかということよりも、貧しい人たちが自ら変革の担い手となれるよう、いかにして新たな道を開けるかというところにあるのでしょう。その意味で、インドやフィリピンには、非常に幅広く、豊かな経験があります。

聖フランシスコは貧しい人たちを大切にしただけでなく、貧しさも大事にしていました。禁欲的とも呼べる生き方です。フランシスコがハンセン病患者のもとに通ったのは、彼らを助けるためというよりも、彼らのような貧しい者になりたかったからなのです。イエス・キリストに倣い、貧しい人たちとともに貧しい者となるために、すべてを脱ぎ捨てたのです。それでもって最初の市場経済は、十三世紀の欧州で、フランシスコの兄弟たち――もともとは商人だった友人たち――との日常の取引の中で誕生したのです。そうした経済は確かに富を生み出しましたが、貧しさを蔑視していたわけではありません。貧困への侮蔑なしに、富を生むのです。他方、現今の資本主義は、貧困層への支援は行うものの、彼らを尊ぶことはしません。「貧しい人々は、幸いである」（ルカ6・20参照）という逆説的な真福八端を分かっていないのです。貧困を好ましく思わなければならないということではありません。むしろ貧困の撲滅に尽くすべきで、何より職の創出、人間らしい価値をもった職の創出によってそうすべきです。ですが福音は、貧しい人たちへの敬意なしに貧困と闘うことはできないと教えます。フランシスコのこうした福音的逆説を生きること――、わたしたちは、起業家や経済学研究者であるあなたたがも、ここから始めなければなりません。わたしは人々と話すときや聴罪中に、決まって尋ねています。「貧しい人のための慈善をしていますか」。「ええ、もちろん。していますよ」。「貧しい人に援助する際、その人の目をちゃんと見ていますか」。「えっと……、どうでしょうか」。「お金を投げ渡してはいませんか。それとも貧しい人の手に直接触れて渡していますか」。目を見ず、触れようともしない。これは清貧の精神から遠ざかり、貧しい人たちの真の現実から離れ、どんな人間関係にもあるべき人間らしさを捨てることです。さてそろそろ、だれかから「教皇様、時間です。終わらせてください」といわれそうです。間もなく終わりにします。

この考察を踏まえ、前進するための三つの道しるべについて申し上げておきます。一つ目は、もっとも貧しい人の目で世界を見ることです。中世に、フランシスコ会の運動が、最初の経済理論や最初の慈善事業としての銀行（モンテ・ディ・ピエタ＝訳注：中世の終わりに、高利貸しに苦しむ貧困層を救済するための慈善事業として、フランシスコ会の清貧運動の精神から始まった公益の質屋）を始めたのは、世界をいちばん貧しい人の目で見ていたからです。あなたがたも、犠牲者や、用なしとされた人の目で物事を見るならば、経済をよいものにしていけるでしょう。ですが、貧しい人や犠牲となった人の目で見るには、彼らのことを知り、彼らの友となる必要があります。約束しましょう。貧しい人の友となれば、その人たちと生活をともにすれば、それは神の国を垣間見ることになります。天の国はその人たちのものであり、だから貧しい人は幸いだと、イエスはいっておられるからです（ルカ6・20参照）。もう一度申し上げます。あなたがたの日々の選択が、用なしと決めつけられる人を生み出すことがないよう願います。

二つ目です。あなたがたのほとんどが学生、研究者、起業家ですが、労働することを忘れてはなりません。労働者のことを忘れてはいけません。地道な仕事のことです。労働はすでにこの時代の課題となっていますが、将来はいっそう大きな問題となるでしょう。尊厳と適正報酬のある労働がなければ、若者は真の意味で大人にはなれず、格差が拡大してしまいます。不労所得で暮らすことはできますが、それでは幸福には生きられません。ですから商品やサービスを生み出すとともに、職を生み出すこと、よい仕事を、万人のためになる仕事を生み出すことを忘れないでください。

三つ目の道しるべは、具体化です。歴史の重要な局面で、優れた足跡を残した人たちは、理想、あこがれ、理念を具体的に事業化できたから、それがかなったのです。具体化したということです。執筆活動や会合を開くだけでなく、彼らは学校、大学、銀行、労働組合、協同組合、非営利団体を創設しています。心を砕き、頭を使うとともに、手を動かすならば、あなたがたは経済界を変えることができるでしょう。三つの言語です。考えるというのは、頭、思考の言語によるものですが、それだけでなく、さらに感情の言語、心の言語が伴います。そしてさらには、手という言語も加わります。ですから、感じ考えることを行わなければなりませんし、行っていることを感じ、感じることと行っていることを考えなければなりません。これが三つの言語のコンビネーションです。理念は欠かせないものですし、それは魅力的で、とくに若い人たちを強く引き付けるものですが、受「肉」しなければ、つまり具体化しなければ、つまり三言語が日常化しなければ、罠《わな》と化してしまいます。理念だけではどうにもなりませんし、理念で終われば、全員、堂々巡りです。理念は必要ですが、それを「具体化」させなければなりません。教会はこれまでもずっと、別の知がありさえすれば、額に汗する労働なしに世界を変えられるという、グノーシス的誘惑――グノーシス主義は知識偏重の一派――を否定してきました。労働は、具体的であり、個別的であり、限界があり、光と闇が共存しているため、優れた理念ほど「輝く」わけではありませんが、大地を日々肥沃にしていくのです。現実は理念に勝るのです（使徒的勧告『福音の喜び』233参照）。愛する若者の皆さん。現実はつねに理念に勝ります。このことをよく覚えておいてください。

愛する兄弟姉妹の皆さん。あなたがたの取り組みに感謝しています。ありがとう。聖フランシスコからひらめきを得て、その執り成しを願って、進んでいってください。さて、祈りをもって締めくくりたいと思います。ご賛同いただけますか。読み上げますので、皆さんは胸の内で心を重ねてください。

父なる神よ。あなたにゆるしを願います。地球に深刻な傷を負わせていること、先住民の文化を大事にしなかったこと、貧しい人を大切にせず、愛をかけなかったこと、交わりを欠いて富を築いたことを。生きておられる神よ。若者たちの心と、手と、頭に、あなたの霊の息吹を送ってください。彼らを約束の地へと送り出してください。すばらしい理想のために人生をかけようという彼らの寛大さ、彼らの愛、彼らの意欲を、温かく見守ってください。父なる神よ。若者たちの事業、研究、夢を祝福してください。困難と苦労を抱える彼らに寄り添い、それらを徳と知恵へと磨き上げる彼らを支えてください。若者たちの、善といのちへのあこがれを力づけ、悪しき手本を目にしてくじけることのないよう、彼らを支えてください。その道を、粘り強く歩み続けられるよう導いてください。大工となった独り子の、父であるかたよ。世界を、愛を込めて、工夫をして、手を動かして作り変える喜びを、若者たちにお与えください。アーメン。

どうもありがとう。

九月二十二日（木）からアッシジで開催されていた青年起業家と経済学の若手研究者らの集い「エコノミー・オブ・フランチェスコ」に、最終日である二十四日（土）に参加した際のあいさつ。公正で、包摂的で、持続可能な世界経済の可能性について考えるこの集いは、当初二〇二〇年三月に開かれる予定だったが、COVID‐19のパンデミックにより延期され（オンラインでは同年十一月十九―二十一日に開催）、二年越しでの対面での開催となった。この集いは、現在も続くネットワークとなっている。

第二バチカン公会議開幕六十周年

「わたしを愛しているか」。これが、朗読された福音書で、イエスがペトロにいった最初のことばです（ヨハネ21・15）。そして最後の一言が、「わたしの羊を飼いなさい」です（同17節）。第二バチカン公会議開幕の記念にあたり、主がわたしたちに投げかけたことば、教会としてのわたしたちにかけておられることばを、今日もまた聞きます。わたしを愛しているか――。わたしの羊を飼いなさい――。

1　一つ目、「わたしを愛しているか」。これは問いです。イエスがなさっているのは答えを与えることではなく、問いただすこと、生き方を問うことです。主は、「そのあふれる愛から友に対するように人々に語りかけ、彼らと話を交わす」（第二バチカン公会議『神の啓示に関する教義憲章』2）のです。主は、ご自分の花嫁である教会に、今も、いつも、問うておられます。「わたしを愛しているか」。第二バチカン公会議は、この問いに対する一つの大きな返答でした。主に対する愛を再燃させるため、教会は歴史上初めて、自身を問い、自身の本質と使命について考察するためだけに公会議を開催したのです。そして教会は、愛によって生み出される恵みの神秘であることを自覚したのです。教会は神の民であること、キリストのからだであること、聖霊の生きた神殿であることを再認識しました。

これが教会に対する第一のまなざしで、上からのまなざしです。そうです。教会はまず、上から、神が注ぐ愛のまなざしで見なければなりません。教会においてわたしたちは、神からの、わたしたちを見つめる神の愛のまなざしから出発しているかどうかを、自らに問わなければなりません。神ではなく自分を出発点にする誘惑が必ずあります。福音よりも自分たちの議事予定を重視したり、世俗に流されて流行を追ったり、み摂理が与える振り返る機会を無駄にしたりします。ともかく、注意が必要です。この世に折り合いをつけようとする進歩主義にも、過ぎ去った世界を懐かしむ伝統主義や「昔はよかった主義」も、愛のあかしではありません。不忠実の証拠です。どちらも、自分の好みや計画を、神の心にかなう愛、イエスがペトロに求めた単純で素朴で忠実な愛よりも大事にする、ペラギウス的な利己心です。

わたしを愛しているか――。神を、本質を第一とするため、公会議を再確認しましょう。わたしたちの主と、主が愛された全人類への愛に一心な教会、イエスにおいて豊かでも財においては貧しい教会、自由で解放的な教会、それを第一とするのです。公会議は教会に、その道筋を示しています。福音書のペトロのように、ガリラヤに、最初の愛の源泉へと戻す道です。己の貧しさにおいて神の聖性をあらためて見いだすようにです（同『教会憲章』8c、同五章参照）。わたしたちにもまた、わたしたち一人ひとりにとってのガリラヤが、初恋の地ガリラヤがあります。確かに、今日を生きるわたしたち一人ひとりが、「わたしに従いなさい」という主の声を聞くために、自分のガリラヤに立ち帰るよう求められています。イエスだけに夢中になるため、その地で、十字架につけられて復活した主のまなざしを受けて、薄れる喜びを取り戻すためです。喜びを取り戻す――。喜びを失う教会は、愛を失います。教皇ヨハネ（二十三世）は、人生の幕が下りる間際にこうつづっています。「晩年に達したわたしの生涯にとって、わたしの魂を喜ばせ慰めるために、聖母マリアが抱きかかえてわたしに差し出してくれる御子イエスに、自分の思いをすべて集中させることよりも優れた終わり方はないのである。……幼きイエス、十字架につけられたイエス、聖体の中にましますイエスとの持続的で親密な友情を結ぼう」（『魂の日記』977―978［石川康輔訳、ドン・ボスコ社、二〇〇〇年、三五六頁］）。わたしたちにとっての上からのまなざし、わたしたちの永遠なる源泉、それはイエスであり、愛のガリラヤであり、わたしたちを呼んでくださるイエス、「わたしを愛しているか」と問われるイエスです。

兄弟姉妹の皆さん。公会議の教える愛の汚れなき源泉に立ち帰りましょう。公会議の情熱を取り戻し、公会議による情熱を再び燃やしましょう。母にして花嫁である教会の神秘につかり、わたしたちもまた、聖ヨハネ二十三世とともに声を上げましょう。「母なる教会は喜んでいます（Gaudet Mater Ecclesia）」（「公会議開会の演説（一九六二年十月十一日）」）。教会が喜びに満たされますように。教会が喜んでいなければ、それは自己の否定です。自らを生み出した愛を忘れたことになるからです。ですがわたしたちの中に、愚痴らず、批判せず、喜んで信仰を生きることができずにいる人が、どれだけいるでしょうか。イエスとの愛のうちにある教会に、喧嘩や中傷や争いに費やす時間などありません。神はわたしたちを、批判的態度、不寛容、辛辣《しんらつ》、いら立ちから解放してくださいます。姿勢の問題だけでなく、愛の問題です。使徒パウロが教えるように、愛の人は、何でも不平をいわずに行うからです（フィリピ2・14参照）。主よ、あなたの高いまなざしを教えてください。あなたがご覧になるように、教会を見ることができるよう導いてください。わたしたちが批判的で不機嫌でいるときには、教会とは、あなたの愛の美をあかしするものであることを、あなたから問われている「わたしを愛しているか」に答えて生きる存在であることを思い出させてください。葬式に行くような顔で、教会は歩むのではありません。

2　わたしを愛しているか。わたしの羊を飼いなさい。二つ目のことばは、「飼いなさい（養いなさい）」です。この動詞によってイエスは、ペトロに望む愛を表しておられます。ペトロのことをよく考えてみましょう。魚をとる漁師だった彼を、イエスは人間をとる漁師になさいました（ルカ5・10参照）。さらにここで、新たな仕事が与えられます。羊飼いという、まったくなじみのない仕事です。そしてこれが転機となります。漁師は、自分のために捕獲する、自分のほうに引く側であるのに対し、羊飼いは、自分以外を気遣う、自分以外のものが糧を得られるようにする仕事です。もっといえば羊飼いは、その群れと暮らし、羊を養い、羊たちに愛着を抱くものです。漁師のように上にいるのではなく、群れのただ中にいます。牧者とは、道を示すために民の先頭に立ち、自身もその一員として民のただ中にあり、そしてまた遅れる者に連れ添うため民の後部につく仕事です。羊飼いは漁師と違って、上にではなく、ただ中にいます。これこそが公会議の教える二つ目のまなざし、ただ中からのまなざしです。世にあって、他なる者たちとともにいること、決して、他なる者たちより上位であるという気持ちでいないこと、神の国という、より高位のものに仕える身分であるというまなざしです（『教会憲章』5参照）。福音のよい知らせを人々の生活と言語に届けるまなざし（『典礼憲章』36参照）、彼らの喜びと希望をともにするまなざしです（『現代世界憲章』1参照）。民の上に立つのではなく、その中にいなければなりません。上に立つことは、羊たちを殺すこと、率いずに育てずに殺すことで、聖職者中心主義という醜悪な罪です。公会議は、どれほど今の時代にかなうものでしょう。自分たちの都合や信念に囲いを設けてこもっていたい誘惑をはねのけるため、預言者エゼキエルが今日語った神の流儀に倣えるよう助けてくれます。「失われた羊を尋ね求め、追われた羊を連れ戻し、傷ついた羊を包み、弱った羊を強くする」（エゼキエル34・16参照）。

飼いなさい――。教会が公会議を開いたのは、自画自賛のためではなく、自らを差し出すためでした。まさに、わたしたちの聖にして位階性をもった母なる教会は、三位の懐からわき出て愛のために存在するものです。彼らは祭司的な民です（『教会憲章』10以下参照）。世間から注目される存在となるのではなく、むしろ世に仕えなければなりません。いいですか。神の民は外向的なものとして生まれ、他者に尽くすことで若さを保ちます。神の民は、愛の秘跡、「神との親密な交わりと全人類一致のしるし」（『教会憲章』1）であるからです。兄弟姉妹の皆さん。公会議に立ち帰りましょう。公会議は再発見したのです、伝統の中でよどむことのない聖伝という生きた大河を。

公会議は取り戻したのです、教会が渓谷へと下り、すべての人にとってのあわれみの水路となるための、上流にとどまりはしない愛の泉を。自分自身を脱するために、この世的なあり方である自己本位の誘惑を乗り越えるために、公会議に立ち帰りましょう。飼いなさい――、主は教会に言い続けておられます。そして糧を与えながら、過去への郷愁、影響力喪失についての悔恨、権力への執着を払いのけなさいと。あなたは、神の聖なる民であるあなたは、牧する者なのです。あなたが存在するのは、自分に糧を与えるため、這い上がっていくためではありません。そうではなく、愛をもって他者に、ほかのすべての人に糧を与えるためなのです。ですから、神のお気に入りである貧しい人、虐げられた人（『教会憲章』8c、『現代世界憲章』1参照）に格別の注意を払うのは当然であり、教皇ヨハネ（二十三世）のいう「すべての人の教会……とりわけ貧しい人々の教会」（「公会議開始一月前のラジオメッセージ――全世界のキリスト信者に向けて（一九六二年九月十一日）」）であるべきです。

3　わたしを愛しているか。そして主はこう結ばれます。――わたしの羊を飼いなさい。主のいわれる「わたしの」は、一部に限定されるものではなく、群れ全体を指しています。群れのすべてを愛しておられるので、群れ全体に対して、親しみを込めて「わたしの」と呼んでいます。よい羊飼いは、ご自分が群れに与えた牧者たちの導きのもと、自分の群れが一つになってほしいと願っています。このかたは、全体を見るまなざしを望んでおられます。これが三つ目のまなざしです。すべてに対する、皆が一つになった全体に対するまなざしです。公会議が気づかせてくれたのは、教会とは、三位一体の神の似姿をした交わりであるということです（『教会憲章』4、13参照）。対して悪魔は、分断の毒麦を蒔《ま》こうとしています。悪魔の甘いことばにやられてはなりません。分裂の誘惑に負けないでください。公会議を経た後、キリストを信じる者たちが、それは母なる教会の心をずたずたに引き裂くことであると理解しないまま、教会内でどちらにつくかを選ぶのに忙殺されることが、幾度となくありました。すべての人の奉仕者であるよりも、「自分が推す集団の信奉者」であることを好んだことが、どれだけあったか。兄弟姉妹であるよりも革新派か保守派、イエス派であるよりも「右派」か「左派」、聖なる母である教会の、謙遜で感謝に満ちた子どもであるよりも、「真理の守護者」や「新進気鋭の一匹狼」、そのようであろうとしたことが、どれほどあったか。主はそんなことを望んではおられません。わたしたちは皆、すべての人が、神の子どもです。教会において皆が兄弟姉妹で、皆が教会です。全員がです。わたしたちは主の羊、主の群れです。わたしたちは皆で一つになっています。分裂を乗り越え、交わりを守り、わたしたちのためにいのちをささげる前にイエスが祈られたように（ヨハネ17・21参照）、なおいっそう「一つに」なりましょう。教会の母マリアが、それを助けてくださいますように。一致への熱い思い、キリストを信じるすべての者が完全な交わりを得るために力を尽くしたいという思いが、わたしたちの間で強くなりますように。○○イズム（主義）は脇に追いやりましょう。神の民はそうした偏向を好みません。神の民は、神に忠実な聖なる民です。すなわち教会です。今日は、公会議のときと同じく、ほかのキリスト教の諸共同体の代表者が、わたしたちとともにおられます。すばらしいことです。ありがとうございます。おいでいただき感謝します。ご出席をありがたく思います。

主よ、公会議という恵みに感謝をささげます。わたしたちを愛しておられる主よ、わたしたちを自己充足のうぬぼれから、この世的な批判精神から、解き放ってください。一致から身を引くことのないよう、わたしたちを守ってください。優しさをもってわたしたちを養われる主よ、自己本位の囲いの外にわたしたちを連れ出してください。わたしたちが一つの群れであることを願う主よ、偏向や「イズム」の魔の手から救ってください。あなたの教会であるわたしたちは、ペトロとともに、ペトロのように、あなたにこたえます。「主よ、あなたは何もかもご存じです。わたしがあなたを愛していることを、あなたはよく知っておられます」（ヨハネ21・17参照）。

聖ヨハネ二十三世の記念日に当たる十月十一日（火）午後五時から、サンピエトロ大聖堂でささげた第二バチカン公会議の開幕六十周年記念ミサでの説教。

王であるキリスト（世界青年の日）

こちらに、司祭職への歩みの途次に、祭壇奉仕者の役務を授かろうとする若者、ステファノさんがいらっしゃいます。彼が自身の召命に従い続け、忠実でいられるよう祈りましょう。そしてまた、このアスティの教会のためにも祈らなければなりません。司祭職の召命を受けた者たちを、主が遣わしてくださるように。ご覧のとおり、多くのかたが、わたしのように高齢です。わたしたちには、ここにおられる大変すばらしいかたたちのような若い司祭が必要です。この地に祝福があるよう主に願いましょう。

わたしの父は、この地からアルゼンチンに移住しました。良質な土壌からよい作物が獲れ、何より住民が本当に真面目なこの地に、自分のルーツをあらためて味わいに参りました。そして今日、福音は再び信仰のルーツに立ち帰るよう導きます。舞台はカルワリオの殺伐とした場所です。そこでイエスという種は、死ぬことで希望を芽生えさせました。大地の中心に蒔《ま》かれ、わたしたちのために天に至る道を開き、その死をもって永遠のいのちをもたらし、十字架の木からわたしたちに、救いという実を届けてくださったのです。ですから主を見つめましょう。十字架の主を見つめましょう。

十字架には、「これはユダヤ人の王」（ルカ23・38）との文言だけが掲げてあります。称号は王です。ですがイエスを見ると、王のイメージが覆されます。王の見た目をイメージしてみましょう。凝った紋章入りの王座に笏《しゃく》を握って座し、指には輝く指輪をはめ、臣下に威厳あることばを告げている、強い人物が思い浮かびます。漠然とですが、こんな人物を思い描きます。ところがイエスを見ると、まったく異なる姿をなさっています。ふかふかの王座には座らず、処刑台にぶらさげられています。「権力ある者をその座から引き降ろす」（ルカ1・52）神が、権力者によって十字架にかけられた卑しい者として振る舞っておられます。釘《くぎ》と茨だけで飾られ、愛に富む以外はいっさいをはぎ取られ、十字架の王座からは、もはや群衆にはことばで教えることも、導くために手を振りかざすこともなさいません。それ以上のことをなさっているのです。だれも指さすことなく、すべての人に対し腕を広げておられます。これが、わたしたちの王がご自分を現した様子です。腕を広げて、ブラーサ・アドゥエルテ（訳注：ピエモンテ地方の方言で「腕を広げる」）。

その腕に包まれて初めて、理解するのです。神はそこまで、十字架という逆説に至るまで突き進んだことを悟るのです。わたしたちに関するあらゆることを、ご自分とはまったく相いれないものさえも、包み込むためです。わたしたちの死——このかたはわたしたちの死を抱いてくださいました——、わたしたちの痛み、わたしたちの貧しさ、わたしたちの弱さ、わたしたちのみじめさをです。このかたは、そのすべてを包んでくださったのです。ご自分を仕える者となさることで、わたしたち一人ひとりが、子としての思いを抱けるようにしてくださいます。屈従をもって、わたしたちに子としての身分を買い取ってくださいました。卑しめられ、あざけりを受けることで、わたしたちがいかなる屈辱にあっても、独りそこに捨て置かれることのないようにしてくださいました。裸になるまではぎ取られることで、だれも、己の尊厳をはぎ取られたと思うことのないようにしてくださいました。十字架に上ることで、人生で負う十字架の一つ一つに、神がおられるようにしてくださいました。このかたこそ、わたしたちの王です。わたしたち一人ひとりの王です。人間にとってのはるか辺境をも越えてくださり、憎悪のブラックホールに、廃棄のブラックホールに飛び込んで、すべてのいのちに光をもたらし、すべての現実をかき抱いてくださった、あまねくすべての王であられます。兄弟姉妹の皆さん。このかたが今日祝う王です。すぐには理解が及ばないものの、それがわたしたちの王です。ご自分の胸に聞いてみてください。このあまねくすべてのものの王が、自分の人生の王であるか。このかたを信じているか。

万物の主であるかたをわが人生の主とせずに、どうしてそのかたを祝えるだろうか。（神学生のステファノに向かって）今日、司祭への道を歩み始めるあなたに伝えます。このかたがあなたの模範であることを忘れてはなりません。名声を追い求めてはいけません。このかたがあなたの模範です。この王なるかたのような司祭を思い描けないのなら、その時点でやめたほうがいいでしょう。

ともかく。さて、まだしばらく十字架のイエスを見つめていましょう。このかたはあなたの人生を一瞬だけご覧になるのではありませんから。わたしたちがイエスに対してよくするように、一瞬だけ目を向けるようなかたではありません。そうではなく、ずっとそこにおられます。腕を広げて《ブラーサ・アドゥエルテ》、沈黙のうちに、あなたに伝えておられます。あなたのことで、ご自分にかかわりのないことなど一つもないと。あなたを抱きしめたい、起き上がらせたい、あなたを救いたいと思っていると。あなたの人生、あなたのみじめさ、あなたの罪をひっくるめ、ありのままのあなたを救いたいと。「ですが主よ、それは本当ですか。こんなみじめなわたしでも、あなたは愛してくださるのですか」。そんなときは、だれしも自分の貧しさを心に浮かべています。「ですが……。こんな霊的に貧しいわたしをも愛しておられるのですか。こんなに欠点があるのに」。するとイエスは微笑み、わたしたちを愛しておられ、わたしたちのためにいのちをささげてくださったことに気づかせてくれます。わたしたちの欠点について、またいい部分についても、少し振り返ってみましょう。イエスはわたしたちのそのままの姿を、今のわたしたちを愛しておられます。押しつけずに示してくださる、そのかたの柔らかな愛——神は決して愛を押しつけません——に包まれるなら、必ずあなたをゆるすその愛に包まれるなら、それはイエスに、わたしたちの人生の王座についていただくチャンスです。わたしたちは人をゆるすのに疲れてしまい、十字架にかけること、社会的に葬ることがたびたびあります。ですがイエスは飽くことなくゆるしてくださいます。決して、絶対に、ゆるしに倦《う》むことはありません。このかたは必ず、あなたがその足で立てるようにしてくださり、必ずあなたに尊厳という笏《しゃく》を取り戻してくださいます。そうです。救いはどこからもたらされるでしょうか。このかたに愛していただくよう己を差し出すことからです。そうすることだけが、エゴの奴隷からの、孤独の恐怖からの、自分にはできないという思い込みからの、解放となるからです。兄弟姉妹の皆さん。十字架の主のみ前に身を置いてください。愛してもらってください。その抱擁《ブラーサ・アドゥエルテ》によって、「幸いな盗人」のように、わたしたちにも天の国が開かれるからです。わたしたちに向けられたあのことば、今日、十字架の上で語られたことばに耳を傾けましょう。「あなたは……わたしと一緒に楽園にいる」（ルカ23・43）。これこそが神の望みであり、神に見つめていただこうとするたびに、神がわたしたち皆に伝えようとしておられることです。ですからわたしたちには、天上の高いところで、強権を振るい、遠く離れている、見たこともない神がいるのではないということが分かります。そういう神ではありません。近しい神です。近しさが神の流儀です。神の流儀は、優しさとあわれみをもった近しさです。これが神の流儀であって、それ以外にはありません。近しさ、あわれみ、優しさです。安心させるように、大事に、手を広げておられるかたの優しさと、深いあわれみです。そのかたこそが、わたしたちの王なのです。

　では兄弟姉妹の皆さん。このかたを見つめて、わたしたちはどうすればいいのでしょうか。今日の福音は、二つの道を示してくれます。イエスの前には、見物人と、かかわる人たちとがいます。見物人はたくさんいて、多数派です。眺めているのですから、だれかが十字架上で死ぬのを見るのは一つのショーです。事実、「民衆は立って見つめていた」（同35節）と書かれています。彼らは、悪い人たちではありません。多くは信じた者たちでした。しかし、十字架の前ではひたすら傍観者でした。イエスのもとへと一歩踏み出すこともせず、遠巻きに見て、本気で気にかけず、何かできないかと考えることもない、やじ馬根性と無関心の人たちです。「ねえご覧よ……」などとつぶやいて、非難したり見解を述べたりしたのでしょう。「でもあの人は何の罪もないのに、あんなことになるなんて……」と嘆く人もいたに違いありません。けれども皆立ちすくんだまま、手を合わせたまま、腕組みのまま、眺めるだけです。十字架の近くにも傍観者はいます。キリストの不名誉な最期という血なまぐさい光景を見届けようとする民衆の指導者、処刑を早く終わらせて帰宅したいと思っている兵士たち、そして悔しい思いをイエスにぶつけたほうの罪人です。あざ笑う者、冒瀆する者、憤《ふん》懣《まん》をぶつける者たちです。

　彼ら傍観者は皆、同じ文言を繰り返します。この書には三回登場します。「自分を救ってみろ」（同35、37、39節参照）。このようにイエスを侮蔑し、けしかけるのです。自分を救う――。イエスがなさっておられるのは、それとはまったく逆のことです。ご自分を顧みず、ご自分を侮《あなど》る者たちの救済に心を砕くのです。自分を救えという声は伝染します。指導者から兵士へ、そして民へと、悪の波はほとんどすべての人に及びます。悪は伝染し、すぐそれに感染するのだと思えます。伝染病に罹患《りかん》するときのように、すぐこれに感染するのです。そういう人たちはイエスのことを口にしながら、一瞬たりともイエスに心を寄せてはいません。離れたところで語ります。無関心という、死に至る伝染病です。無関心は悪い病です。「わたしには関係のないこと、かかわりのないことです」。イエスに対し無関心、病にある人にも無関心、貧しい人、地上で惨めな思いをしている人にも無関心です。つい聞きたくなる問いがあるのですが、皆さんに質問します。それぞれ貧しい人に施しをしておられると思いますが、そこでお尋ねします。「貧しい人に施しをするとき、あなたは相手の目を見ていますか。あなたに施しを求める貧しい人の目を見ることができていますか。困窮者に施すとき、小銭を放り投げていますか。それとも彼らに手渡していますか。人間のみじめさに触れることができていますか」。それでは、それぞれが今日答えを出しましょう。あの人たちは無関心でした。その人たちはイエスについて語っていても、イエスに心を向けはしません。これが、無関心という致命的な伝染病です。惨めさとの間に隔たりを生むのです。悪の波は、このように拡大します。距離を取ることで、何もせずに眺めることで、気遣いを示さないことから始まり、次に興味をもつことだけに思いがいって、そっぽを向くことに慣れてしまいます。わたしたちの信仰が理屈だけで実践にならなければ、かかわりをもたなければ、自分事として心血を注がなければ、懸命にかかわらなければ、信仰はなえ、危機に陥ることにもなります。そうしてローズウォーターのキリスト者――わたしの家ではそのように呼んでいました――になってしまいます。そうした人は、神を信じ平和を望んでいるといいながら、祈りもせず、隣人を気に懸けることもなく、神にも平和にも関心がないのです。香りだけのキリスト者、口先だけのキリスト者です。

　これは、カルワリオに起きていた悪い波です。ですがそこには、恵みをもたらすよい波もあります。大勢の見物人の中に、かかずらう人が一人登場します。「幸いな罪人」です。ほかの人たちが主をあざ笑っているのに、この人は主にことばをかけ、その名を呼びます。「イエス」――。多くの人が自分たちの罪を主にかぶせているのに、この人は己の罪をキリストに告白します。多くの人が「自分を救ってみろ」と言い放つ中で、この人は祈ります。「イエスよ、……わたしを思い出してください」（同42節）。主にそれだけを願い求めます。美しい祈りです。わたしたちがそれぞれ、この祈りを毎日ささげたなら、そこにはすばらしい道ができます。聖性に至る道です。「イエスよ、わたしを思い出してください」。こうして罪人は、聖人の第一号となりました。いったんイエスに近づけば、主は永遠にその人をそばに置かれます。さて、福音書が幸いな罪人について語るのは、傍観者でいることをやめて悪に打ち勝つよう招くためです。いいですか、無関心は、悪に手を染めるよりも悪いことです。何から始めればいいのでしょうか。信頼することから、イエスの名を呼ぶことからです。その人生の終わりに、幼い子らのように固い信頼を見いだした幸いな罪人が、信頼し、呼び、しつこく願ったようにです。彼は信頼をもって己の過ちを認め、自分についてではなく、主を前にして涙を流すのです。ではわたしたちには、そうした信頼があるでしょうか。自分が内に秘めていることを、イエスに伝えていますか。神を前にして、わずかな聖性と香とで己を偽ってはいないでしょうか。霊性に化粧を施さないでください。そういうのはうんざりです。神の前には、石鹸と水で化粧を洗い流して、まっさらな魂で行ってください。救いはそこから始まります。この幸いな罪人のように、信頼を行動に移すことです。取り次ぎを願うのを覚えることです、見ているものを、世界の苦しみを、出会った人々を、神に届けることです。幸いな罪人のように「主よ、思い出してください」と神にいうのです。わたしたちは、自分を救うためだけではなく、王である神の抱擁へと兄弟姉妹を導くためにこの世にあるのです。執り成しを行い、主に思い出していただくことで、天の扉は開かれるのです。ではわたしたちは、祈りの中で執り成しを行っているでしょうか。「主よ思い出してください、わたしを、わたしの家族を、思い起こしてください、あのことを、このことを、思い起こしてください……」と。主の関心を引き寄せるのです。

兄弟姉妹の皆さん。今日、わたしたちの王は十字架から、腕を広げて《ブラーサ・アドゥエルテ》わたしたちを見つめておられます。傍観者になるのか、かかわりをもつのか、それはわたしたち次第です。自分は傍観者なのか、それともかかわりをもつ者なのか。今ある危機を見て、信仰の衰退、参加者の減少を見て……どうすればいいのでしょう。理屈をこねくり回すだけか、批判するだけなのか、それとも袖《そで》をたくし上げて人生をつかみ取るのか、言い逃れの「もしも」から、祈りと奉仕の「はい」へと移るのか。社会の何が間違っているのか、皆が分かっています。だれもが気づいています。わたしたちは、世界にあるよくないことについて、教会の中にある間違いについて、毎日話題にしています。教会にはいけないことがたくさんあります。では、何をすべきでしょうか。木に打ちつけられた神と同じく自らの手を傷つけるのか、それとも、ポケットに手を入れたまま眺めているのか。今日、服をはぎ取られて裸でいる十字架上のイエスは、神を覆っているベールをすべて取り去ってくださり、王であるご自分の誤ったイメージをすべて覆しておられるのですから、このかたを仰ぎ見てください。そこから自分自身を見つめる勇気、信頼し取り次ぎを求める道を歩む勇気、イエスとともに治めるために仕える者となる勇気を得てください。「主よ思い出してください、思い起こしてください」。この祈りをもっと頻繁にささげましょう。ありがとうございます。

十一月二十日（日）午前十一時から、北イタリアのピエモンテ州にあるアスティの大聖堂でささげた、王であるキリストの祭日のミサでの説教。教皇は前日からヘリコプターで現地に入り、自身のいとこの九十歳の誕生日を祝い、翌日は親戚と食事をした後、養老院を訪問した。その後さらに別のいとこを訪ねた。教皇の両親はアルゼンチンに移住する前、このアスティの教区民であった。

この日は第三十七回世界青年の日にあたり、教区全土から多くの若者が集まっていた。

ウクライナへの書簡——軍事侵攻開始九か月にあたって

愛するウクライナの兄弟姉妹の皆さん。

あなたがたの国土を、九か月もの間、戦争という不条理な愚行がずたずたにしています。貴国の空には、忌まわしい爆発音と不快な警報音が、絶え間なく轟《とどろ》いています。貴国の町々は激しい爆撃でたたかれ、ミサイルの雨が、死と破壊と痛みを、飢えと渇きと寒さをもたらしています。貴国の通りには、わが家を離れ、愛する家族を残して、避難するしかない人々が押し寄せています。貴国の大河の数々には、日々、血と涙が流れています。

あなたがたの涙にわたしの涙を重ねます。あなたがたのことを思わない日はありません。一日たりとも、あなたがたを忘れる日、祈らない日はありません。それをお伝えします。あなたがたの苦しみは、わたしの苦しみです。イエスの十字架に、わたしは今、あなたがたを見ます。この侵略によって荒れ狂う恐怖に苦しむあなたがたを見ています。まさに、主を苛《さいな》んだ十字架が、今また息を吹き返しています。亡骸《なきがら》に刻まれた拷問の痕跡《こんせき》に、多くの町で発見された集団墓地に、胸に突き刺さる数々の血まみれの姿に。叫びを上げる姿に――。なぜなのか。どうして人間が人間に対して、こんな仕打ちができるのか――。

　接してきたあまたの悲報が胸によみがえります。何よりも小さな子どもたちの悲劇です。どれだけの幼子が殺され、傷つけられ、親を亡くし、親から引き離されているのか。オデーサのキラ（訳注：爆撃により母と祖母とともにアパートで亡くなった生後三か月の女児）のように、ヴィーンヌィツャのリーザ（訳注：母親と言語療法に向かう途中、爆撃で亡くなった四歳の少女。足を吹き飛ばされる重傷を負った母親は、被弾の直前に二人で歩く動画をＳＮＳに投稿していた）のように、そして膨大な数に上る同様の小さな子どもたちのように、戦争によって人生を奪われた幼子一人ひとりのために、あなたがたとともに涙しています。そうした一つ一つの悲劇において、人間性が根底から否定されたのです。その子どもたちは今、神のみもとにいて、あなたがたの苦労を見ていて、終わりを迎えるよう祈っています。彼らを思うと、そして老いも若きも、追いやられていったすべての人を思うと、胸が張り裂ける思いを抱かずにはいられません。ウクライナの母親たちの痛みは、いかばかりかと思います。

あなたがたのことを、果敢にも祖国防衛のために、未来に向けて努力してきた夢よりも武器を手にするしかなかったあなたがた若者のことを思います。夫を失い、それでもじっと唇をかみ、誇りを失わず、固い心で、子どもたちのためにあらゆる犠牲を耐え忍ぶ、あなたがた妻たちを思います。あらゆる手段を講じて愛する者を守ろうとしている、あなたがた大人たちのことを思います。人生の夕べを穏やかに送るはずが、戦争の暗闇の中に投げ出された高齢のあなたがたを思います。乱暴され、重いトラウマを負うあなたがた女性を思います。心身に傷を負ったあなたがた一人ひとりに思いを致します。わたしはあなたがたを思い、またあなたがたに愛を込めて、またこれほどの試練に果敢に向き合うあなたがたに、敬服しつつ寄り添っております。

　また、民のために毎日働いておられるあなたがたボランティアのことを思います。神の聖なる民の牧者であるあなたがた司教たちを思います。しばしば自分の身を危険にさらしてまでも、民のもとにとどまり、神のなぐさめと兄弟姉妹の連帯を伝え、工夫を凝らして、公共の場や修道院を、困窮する人々に、温かいもてなし、安らぎ、食事を提供する場にしてくださっています。さらに、難民や国内避難民のことを思います。自宅から遠くに行かなければならなかった人々、多くは自宅が破壊された人々です。そして政府のかたがた、彼らのために祈っています。彼らは悲劇の時代に国を治め、平和のため、そして都市でも地方でも重要な社会資本が破壊されながらも経済を回すため、将来を見据えた決断を下す責任を担っています。

愛する兄弟姉妹の皆さん。この邪悪と苦悶の大平原で――ホロドモールの悲劇的ジエノサイドから九十年が経ちました――、あなたがたの優れた熱意に敬服します。これほどの悲劇に見舞われても、ウクライナ国民は決してくじけず、投げやりな自己憐《れん》憫《びん》に陥ることはありません。世界は、勇敢で屈強な国民を認めました。苦しみを受けて祈り、涙して戦い、抵抗して希望する国民、高貴で献身する民です。寄り添う者がいると感じていただくために、戦争に慣れてしまわないように、今日はもちろんこれから先も、あなたがたの苦しみを忘れてしまう誘惑が訪れるかもしれないときに、あなたがたが独りになることのないよう、わたしは心を込め、祈りをもって、人道的配慮をもって、これからもずっとあなたがたとともにいます。

凍《い》てつく寒さで、あなたがたが味わっている悲劇がさらに深刻化するだろうこれからの数か月、教会からの愛、祈りの力、至るところにいる無数の兄弟姉妹があなたがたに願う恵みが、あなたがたの頬に優しく触れるものとなるよう願っています。あと数週間でクリスマスになり、厳冬の過酷さはいっそう苛烈なものとなるでしょう。ですがわたしは、あなたがたと一緒に、ベツレヘムを、あのひたすら寒く暗い夜、聖家族に突きつけられた試練を振り返りたいと思います。寒く暗い夜にも、光は訪れました。人間からではなく、神からの光です。地上からではなく、天からの光です。

　そのかたの母、わたしたちの母である聖母が、あなたがたを見守ってくださいますように。わたしはこのかたの汚れなきみ心に、世界中の司教と心を一つにして、教会と人類を、とくに貴国とロシアをささげました。母なるみ心に、あなたがたの苦しみと涙をゆだねます。貴国が生んだ偉大な子がかつて記したように「この世界に神をもたらしてくださった」かたに、倦《う》むことなく平和のたまものを願い続けましょう。「神にできないことは何一つない」（ルカ1・37）ことを信じて。マリアがあなたがたの心の正義への思いをかなえ、あなたの傷をいやし、ご自分の慰めを与えてくださいますように。わたしはあなたがたとともにいます。あなたがたのために祈ります。ですから皆さんもわたしのために祈ってください。

　主の祝福と、聖母の加護を祈ります。

ローマ、サンジョヴァンニ・イン・ラテラノ大聖堂にて

二〇二二年十一月二十四日

フランシスコ

降誕祭メッセージ（ローマと全世界へ）

ローマと全世界の愛する兄弟姉妹の皆さん、クリスマスおめでとうございます。

おとめマリアからお生まれになった主イエスが、皆さんお一人おひとりに、信頼と希望の源である神の愛をもたらしてくださいますように。そしてまた、天使がベツレヘムの羊飼いたちに告げた、平和というたまものを与えてくださいますように。「いと高きところには栄光、神にあれ、地には平和、み心にかなう人にあれ」（ルカ2・14）。

この祭日には、ベツレヘムへと目を向けましょう。主は馬小屋の中でこの世に誕生し、家畜のための飼い葉桶《おけ》に寝かされます。マリアが臨月を迎えていたにもかかわらず、両親は泊まる宿を見つけることができなかったからです。主はわたしたちの中に、ひっそりと、夜の闇に紛れて来られます。神のみことばには、照明や歓声は必要ないからです。主ご自身が、存在に意味をお与えになるみことばであり、道を照らす光なのです。「その光は、まことの光で（福音はそう教えます）、世に来てすべての人を照らすのである」（ヨハネ1・9）。

イエスはわたしたちの間でお生まれになり、わたしたちとともにおられる神です。わたしたちの日常生活に同伴しておられ、わたしたちとともにすべてを、喜びも悲しみも、希望も恐れも分かち合うために来られます。無防備な幼子として来られるのです。寒い夜に、貧しい人の中でもとくに貧しくお生まれになりました。あらゆる助けを必要とする者として、イエスは、ぬくもりと安全な場所を求め、わたしたちの心の扉をたたいておられます。

ベツレヘムの羊飼いたちのように、わたしたちも光に包まれ、神がくださったしるしを見に出掛けましょう。霊的な半睡による無気力と、誕生日の主役をないがしろにする祝い方の間違ったイメージを、克服しなければなりません。心を麻痺させ、この大いなる出来事――神の独り子がわたしたちのためにお生まれになる――を思い巡らさずに、飾りつけや贈り物を準備するよう仕向ける大騒ぎから離れましょう。

兄弟姉妹の皆さん。平和の君の産声が上がるベツレヘムを思い巡らしてください。まさにイエスこそが、わたしたちの平和だからです。この世には与えることのできない平和であり、御父である神が御子を世に送ることで、人類にお与えになった平和です。聖大レオ教皇はこの日のメッセージを、ラテン語の短い文でこう要約しています。

「主の誕生は、平和の誕生である（Natalis Domini, natalis est pacis）」（『説教』26・5［熊谷賢二訳、『キリストの神秘――説教全集』創文社、一九六五年、三七〇頁］）。

イエス・キリストは、平和の道でもあります。受肉、受難、死と復活によって、主は、憎悪と戦争の暗い影に覆われ閉ざされた世界から、兄弟愛と平和のうちに解放されて生きる、開かれた世界へと過ぎ越す道を開かれました。兄弟姉妹の皆さん、その道を進みましょう。しかし、そうするには、イエスに従って歩んでいくには、わたしたちをじゃまして進めなくしている重荷を捨て去らねばなりません。

その重荷とは何でしょうか。「底荷《バラスト》」は何でしょうか。それはヘロデ王とその臣下がイエスの誕生を認め歓迎することを阻んだのと同じ、望ましからぬ情念です。権力とお金への執着、高慢、偽善、欺きです。こうした重しがベツレヘムへと向かわなくさせます。クリスマスの恵みから締め出し、平和の道に入るのをじゃまします。確かに、悲しみをもって認めなければなりません。わたしたちには平和の君が与えられているにもかかわらず、人類には、戦争という凍《い》てつく風が吹きすさび続けているのだと。

真のクリスマス、イエスのご降誕の日、平和の君の誕生日としたいのなら、ベツレヘムに目を向けてください。わたしたちのためにお生まれになった幼子の顔を、しっちわびている子どもたちの顔を見てください。

　ウクライナの兄弟姉妹の顔に大いに目を向けてください。十か月にも及ぶ戦争で破壊され、闇の中、寒さの中で、あるいは家から遠く離れて、今日のクリスマスを過ごしている兄弟姉妹です。苦しむ人々を助けるために、わたしたちが目に見える連帯の行動を示せるよう、主がわたしたちを奮い立たせてくださいますように。そして、武器の轟音を止め、この無意味な戦争をすぐに終わらせることのできる権力者たちの心を、主が照らしてくださいますように。悲しいことにわたしたちは、この世の論理が押しつける、別の理屈に従うことを好みます。そうであるならば、だれが御子の声を聞くのでしょうか。

　現代は、この第三次世界大戦の他の戦場でも、別の地域でも、深刻な平和の欠乏に苦しんでいます。シリアのことを思い起こしてください。報道は下火になったものの、まだ終結していない紛争によって、今なお苛烈な苦しみにあります。聖地のことを思い起こしてください。この数か月で暴力と衝突が増加し、死傷者が出ています。主がお生まれになったこの地で、パレスチナとイスラエルの間で相互の信頼を築くための対話と取り組みが再開されるよう、主にせつに願いましょう。幼子イエスが、中東に住むキリスト者の共同体を支えてくださいますように。中東のどの国においても、異なる信仰をもつ個々人が、兄弟愛のある共存のすばらしさを生きることができますように。とくにレバノンを助けてください。国際社会の支援と、兄弟愛と連帯の力を得て、いよいよ立ち直ることができますように。紛争と暴力によって、諸民族や諸伝統の間の平和的共存が台なしにされているサヘル地域を、キリストの光が照らしてくださいますように。イエメンには恒久的な停戦を、ミャンマーとイランには和解を導き、すべての流血に終止符を打ってくださいますように。またアメリカ大陸の政治指導者と、善意あるすべての人を駆り立て、さまざまな国が経験している政治的、社会的緊張の緩和に努めるよう導いてくださいますように。とくに、長い期間苦しい中にあるハイチの人々のことを思います。

今日、ごちそうの並ぶ食卓を囲む幸せなときにも、「パンの家」を意味するベツレヘムから目をそらしてはなりません。そして、毎日大量の食べ物が廃棄され、財源が軍備費に充てられる一方で、飢えに苦しむ人々、なかでも幼い子どもたちを思いやることを忘れないでください。ウクライナでの戦争によって状況はさらに悪化し、とくにアフガニスタンやアフリカの角の国々では、人口全体が食糧難の危機にあります。ご承知のとおり、どの戦争も飢餓を引き起こし、食料そのものを武器にし、すでに苦しんでいる人々への配給を困難にしています。今日、平和の君に学び、わたしたち皆で、とりわけ政治を担う人々で、食べ物はもっぱら平和の道具とすることを誓いましょう。家族や親しい人との喜びのだんらんに浸りながらも、大きな困難に直面している家族のこと、また、この経済危機の中で、失業で苦労して、衣食にさえ事欠く人たちのことも思い起こしてください。

愛する兄弟姉妹の皆さん。当時と同じく今日、真の光であるイエスは、無関心というひどい病に冒されているこの世にお生まれになりました。イエスを受け入れず（ヨハネ1・11参照）、それどころか排斥し――多くの外国人が受けている仕打ち――、無視する――貧しい人に対するわたしたちの大抵の扱い――世界です。今日、支えと暖と食べ物を求めて、わたしたちの扉をたたいているたくさんの難民と移民を忘れないでください。社会からはみ出した人、独居の人、親を亡くした子ども、除《の》け者にされがちな高齢者――知恵の長老たち――、収容者――人間扱いされず、犯した過ちばかりが取り上げられる――、彼らのことも忘れないでください。

兄弟姉妹の皆さん。ベツレヘムは、神の素朴さを示してくれます。神はご自分を知恵ある者や学のある者にではなく、幼子のような者、純真で素直な心の者に現されました（マタイ11・25参照）。羊飼いのように、わたしたちも急いで出掛け、神がわたしたちの救いのために人間となられるなどという、考えも及ばない出来事に驚けるようでいましょう。あらゆる善の源である神がご自分を貧しくし（ナジアンゾスのグレゴリオス『講話』45参照）、わたしたちの貧しい人間性を請い求めておられます。神の愛に深く心を揺り動かしていただきましょう。そして、ご自分の充満にわたしたちをあずからせるために、その栄光をすべて脱ぎ捨てたイエス（同参照）に従って歩んでください。

皆さん、クリスマスおめでとうございます。

主の降誕の祭日の十二月二十五日（日）正午に、サンピエトロ大聖堂のバルコニーから発表した降誕祭のメッセージ。これに続き、「ウルビ・エト・オルビ」の使徒的祝福を与えた。

あとがき

本書は、教皇フランシスコが在位十年目となる二〇二二年中に行った講話等のうち、主要なミサでの説教、特筆すべき行事でのスピーチ、関心が高いと思われるメッセージや書簡などを選び収録したものです。既刊の九冊の講話集とは異なり、内容を厳選してコンパクトにまとめ、手に取っていただきやすいものにいたしました。

世界保健機関（WHO）が、新型コロナウイルス（COVID―19）に関する「国際的に懸念される公衆衛生上の緊急事態」を終了すると発表したのは二〇二三年五月のことですが、二〇二二年は徐々に事態が収束へと向かい、日常が取り戻されていった年でした。教皇は、四月にマルタ（二―三日）、七月にカナダ（二十四―三十日）、九月にカザフスタン（十三―十五日）、十一月にはバーレーン（三―六日）に、イタリア国外司牧訪問を行っています。

その一方、二月にロシアによるウクライナへの軍事侵攻が開始されたことにより、二〇二二年は戦争によって特徴づけられる年となってしまいました。これまでも一貫して平和の尊さを訴え続けてきた教皇ですが、戦争への深い憤りの語勢は、いっそうの強まりを示しています。

教皇はもちろん、世界中の人々が平和を願い、戦争終結を祈りながらも、ウクライナの戦火はいまだ収まっていません。それどころか二〇二三年十月には、イスラエルとパレスチナのイスラム組織ハマスとの間の軍事衝突が始まり、ガザ地区での死者の数は、六月四日の同地区保健当局の発表によれば、すでに三万六千人を超えています。「復活されたイエスとともにあれば、明けない夜はないのです。そして漆黒の闇夜にさえ、その暗闇の中にさえ、明けの星は輝くのです」（本書66頁）、そう教皇は高らかに訴えています。この教皇のことばに力を得て、絶望に陥ることなく、皆で祈り続けたいと思います。そうした呼びかけの一助を本書が果たせるなら、望外の幸せです。

最後になりましたが、本来、二〇二三年中であるはずの本書の刊行が、このように大幅に遅れてしまいましたことを、深くお詫び申し上げます。

二〇二四年六月

カトリック中央協議会出版部

The Teachings of the Pope Francis, vol. 10 (2022)

ペトロ文庫

教皇フランシスコ講話集10

定価はカバーに表示してあります

2024年7月19日　第1刷発行　　日本カトリック司教協議会認可

著　者　教皇フランシスコ
編訳者　カトリック中央協議会事務局
発　行　カトリック中央協議会
〒135-8585 東京都江東区潮見2-10-10 日本カトリック会館内
☎03-5632-4411（代表）、03-5632-4429（出版部）
https://www.cbcj.catholic.jp/

印刷　株式会社精興社　　ISBN978-4-87750-252-2 C0116

乱丁本・落丁本は、弊協議会出版部あてにお送りください
弊協議会送料負担にてお取り替えいたします

ペトロ文庫発刊にあたって

カトリック中央協議会事務局長　酒井俊雄

カトリック中央協議会の主要な任務の一つは、カトリック教会の教義をひろめ、信者を教化育成し、布教の推進を円滑にするための業務および事業を行うことにあります。とくに、教皇および教皇庁、また日本カトリック司教協議会の公文書を日本のカトリック教会と社会に向けて提供し続けることは、当協議会の重要課題であると自覚しています。

この使命を遂行するため、ここにペトロ文庫を発刊することとなりました。ペトロは、十二使徒のかしらであり、ローマの初代司教であり、カトリック教会の初代教皇です。使徒たちの後継者である司教は、ペトロの後継者である教皇との交わりのうちに、人々に奉仕します。とりわけ、信仰と道徳に関して教えるとき、つまり教導職を果たすとき、この交わりは不可欠です。そこで、カトリック中央協議会が新たに発刊する文庫に、初代教皇の名をいただくことといたしました。皆さまが教会公文書により親しむための一助となれば、望外の幸せです。

二〇〇五年十月